Caussurette couverture

7341

LA PHILOSOPHIE DE LA NATURE

DANS

L'Art d'Extrême-Orient

RAPHAEL PETRUCCI

LA PHILOSOPHIE DE LA NATURE

DANS

L'Art d'Extrême-Orient

ILLUSTRÉ

*D'après les Originaux des Maîtres du Paysage
des VIIIe au XVIIe Siècles*

DE

QUATRE GRAVURES SUR BOIS DE K. EGAWA ET S. IZUMI

Tirées en couleurs par T. TAMURA et T. WADA

NEUF HÉLIOTYPIES ET UNE PLANCHE DOUBLE EN PHOTOGRAVURE

Exécutées à Tokyo par les soins de *The Kokka Publishing C°*

PARIS

LIBRAIRIE RENOUARD. — H. LAURENS, ÉDITEUR

6, RUE DE TOURNON, 6

AVANT-PROPOS

L'Illustration qui accompagne ce livre a été, comme on le verra, puisée aux sources. Les grandes collections privées du Japon, les trésors des temples, le Musée impérial de Tokyo, tels sont les détenteurs de la série de chefs-d'œuvre reproduits d'autre part. Ils donneront une idée exacte de ce que fut la grande peinture dans l'Asie Orientale. Cela suffirait à assurer aux planches que le lecteur aura sous les yeux, une valeur particulière. Mais les quatre gravures sur bois, tirées en couleurs, distribuées au cours de cet ouvrage, apparaîtront, sans aucun doute, comme véritablement exceptionnelles. On voudrait y insister ici. C'est la première fois, en effet, qu'un livre écrit et imprimé en Europe fait appel aux ressources actuelles de l'Estampe orientale. On avait pu en avoir une idée par certaines planches de l'ouvrage publié en 1900 par la commission Impériale du Japon à l'Exposition Universelle de Paris. Mais on pouvait douter que ce qu'avait réalisé un Gouvernement soucieux de montrer l'activité de son pays sous le jour le plus favorable, l'initiative privée pût l'accomplir. C'est chose faite aujourd'hui. Il conviendra de donner quelques indications sur la technique et sur l'histoire des ressources utilisées. Les lecteurs de ce livre mesureront ainsi toute l'importance de cette tentative. Sans nul doute, elle ouvre une ère nouvelle dans les publications consacrées à l'Art de l'Extrême-Orient. On se réjouit ici de voir la Langue Française s'assurer à cet égard le premier rang.

Dans la vingt et deuxième année du Meïdji (1889) il se trouva, au Japon, un groupe d'hommes qui, le mouvement d'organisation et le grand effort matériel étant accomplis, résolurent de revenir sur la culture intellectuelle du passé et de rétablir le lien par lequel l'art du vieux Japon et de la Chine se rattachait à son histoire contemporaine. Ils fondèrent les Kokka [1] *(Les Fleurs*

---

1. Ou plus exactement, Koku Kwa.

de *l'Empire*), une revue d'Art qui paraît en japonais depuis cette date et qui donne une édition anglaise depuis juillet 1905. Cette publication correspondait à une tentative qui n'avait pour but aucun profit matériel. Elle se proposait de faire connaître et de remettre en honneur la tradition propre à l'art de l'Extrême-Orient et, pour arriver à son but, elle se posa tout aussitôt le problème de donner des œuvres anciennes une image parfaite et fidèle.

On sait, par le développement de l'art de l'Estampe du XVIIe au XIXe siècle, quelles étaient les ressources de la gravure sur bois au Japon, quels maîtres elle avait formés, quels résultats elle pouvait atteindre. Les nouveaux venus résolurent de faire appel à ces moyens afin de créer une école de gravure ayant comme objet non plus d'appliquer ses ressources à l'imagerie populaire ou à ces planches érotiques pour lesquelles on était parvenu à un haut degré d'habileté, mais de reproduire les anciens chefs-d'œuvre de manière à en donner un fac-similé qui les mît à la portée des artistes et des amateurs.

La tradition qui avait créé les beaux types de l'estampe avait pris, à ce moment, une direction néfaste. La décadence rapide de l'Oukiyo-yé est due en grande partie à l'asservissement du peintre par le graveur. Le grand Hokousai lutta de toutes ses forces contre une pareille aberration. Il ne put empêcher le destin de s'accomplir. Quoi qu'il en soit, les anciens procédés permettaient des impressions brillantes, mais dans une gamme réduite à cinq ou six couleurs différentes. De plus, ils étaient dominés par le goût populaire des tons vifs, des pigments saturés et violents. Les fondateurs des Kokka cherchèrent à créer une école nouvelle, à perfectionner la technique, à donner des vieux chefs-d'œuvre une traduction qui fût l'image exacte de l'original.

Ils firent alors appel à deux maîtres qui, avec l'amour de leur métier, gardaient aussi la science de l'ancienne tradition. Ce fut, d'abord, Nagotoshi Mitsui ; puis, I-Iyama. Mis à l'abri de toute préoccupation matérielle, ils eurent pour mission unique de perfectionner les procédés acquis, de pousser leurs recherches jusqu'à un point d'absolue perfection, puis, de former des élèves capables de continuer leur effort. Ainsi se constitua cet art actuel de l'Estampe dont les Kokka ont donné tant d'exemples et dont on trouvera quatre épreuves des plus parfaites dans les planches jointes à cet ouvrage. Les ressources de l'ancienne gravure étaient de beaucoup dépassées. Le jeu des pigments colorés fut étendu d'une façon considérable. Telle fut la supériorité de la technique nouvelle que l'effort des maîtres-graveurs des *Kokka* apparut, au Japon même, comme une découverte étrange. On leur prêta la *connaissance d'un secret jalousement gardé. Il n'y avait rien de mystérieux, cependant. Ce résultat était dû aux sacrifices consentis, aussi bien moralement que matériellement, pour une recherche qui poussait jusqu'à leur point extrême les ressources de la gravure sur bois.*

On se rendra compte de cette technique complexe quand on saura quels travaux préparatoires comporte l'établissement d'une planche. Un premier bloc donne les contours en noir de l'œuvre gravée. Puis, une série de blocs particuliers correspondent aux couleurs à intervenir. Ces couleurs elles-mêmes sont appliquées sur le bois et donnent au tirage le ton évanescent de la peinture, avec toutes ses gradations et ses subtilités. La patine et les injures du temps, l'usure de la soie, les cassures du tissu, tout est scrupuleusement respecté, au point que l'œuvre gravée apparaît comme le double fidèle de l'original. Pour aboutir à une épreuve parfaite, plus de quarante ou de cinquante *blocs sont nécessaires, et la feuille de papier doit repasser, parfois,* en plusieurs centaines de tirages, chaque fois repérés à la main. C'est alors seulement qu'on obtient *cette finesse de ton, cette fidélité, cette perfection, pour tout dire, dont on verra ici de si magnifiques exemples.*

On comprendra que, dans un semblable travail, l'artisan qui assume la charge du tirage, soit un maître dont l'œuvre égale celle du graveur. Il doit composer ses tons identiques à la peinture, fixer par des tâtonnements minutieux les couleurs qu'il emploiera, les poser avec une délicatesse extrême et, enfin, arriver à cette habileté manuelle qui l'empêchera de perdre, par un seul tirage maladroit, le résultat de tant d'efforts.

Nagatoshi Mitsui mourut en 1895, à l'âge de trente et trois ans. Deux ans plus tard son ami et collaborateur I-Iyama le suivait dans la tombe. Mais ces grands initiateurs avaient, à leur tour, formé des maîtres. A leur tête se placent K. Egawa et S. Izumi auxquels on doit précisément les gravures de ce livre. Tetsunosuké Tamura fut, dès le début, pour le tirage en couleurs, le collaborateur fidèle de N. Mitsui et d'I-Iyama. C'est à lui, et à un des élèves qu'il a formés, T. Wada, que l'on doit le tirage des planches ci-jointes. Cela seul suffira à marquer toute l'importance de l'illustration assurée à ce volume par son Éditeur.

Depuis longtemps, ceux qui ont écrit, en Europe comme en Amérique, sur l'art d'Extrême-Orient, se sont plaints de n'avoir pu donner en exemple les admirables gravures des Kokka. Elles étaient indispensables, cependant, à qui voulait se faire une idée précise des chefs-d'œuvre de la Peinture dans l'Asie Orientale. M. Binyon déclarait même, et avec raison, dans la pré-

face de « The Painting in the Far East » que, sans la publication des Kokka, il lui eût été impossible d'écrire ce beau livre. Grâce à l'esprit de désintéressement de ceux qui dirigent les Kokka, on se trouve ici dans la possibilité de présenter au lecteur des éléments d'information plastique de premier ordre.

On verra, au cours de la lecture de cet ouvrage, qu'on a pu en fonder certains éléments sur des matériaux en grande partie inédits. Ils sont dus à ces expéditions anglaises, allemandes et françaises qui sont tout récemment rentrées du Turkestan. L'auteur manquerait à tous ses devoirs s'il ne remerciait ici ceux qui lui ont facilité l'étude de ces documents à un moment où, pour certains d'entre eux, on les déballait à peine et où il y avait une très réelle générosité à les mettre à la disposition d'un tiers. Il a trouvé auprès de M. A. Stein, à Londres, de M. von Le Coq, à Berlin, le plus courtois accueil. M. Laurence Binyon, qui joint à ses rares qualités d'écrivain, le savoir que lui connaissent tous ceux qui se sont occupés de l'Extrême-Orient, lui a prêté le plus obligeant appui au cours de ses recherches au British Museum. Enfin, il ne saurait trop dire toute la gratitude qu'il doit à M. Édouard Chavannes pour avoir bien voulu relire sur épreuves et corriger la transcription française des noms chinois. Le lecteur et lui-même doivent à la généreuse intervention de ce maître le plaisir d'échapper à l'insupportable anarchie qui règne dans ce domaine.

R. P<small>ETRUCCI</small>.

INTRODUCTION

Lorsque l'on jette un regard, même superficiel, sur les œuvres d'art de l'Extrême-Orient, qu'elles soient chinoises ou japonaises, on est tout d'abord frappé par une pénétration subtile de la nature. Les choses nous apparaissent alors sous un aspect inaccoutumé. Nous portons encore, dans notre psychologie européenne, la tradition par laquelle l'homme a fait de lui-même le centre du monde. C'est à peine si nous nous évadons de la prison où des conceptions absurdes nous avaient enfermés ; il n'y a pas bien longtemps que nous avons ouvert les yeux sur les beautés du paysage, la vie curieuse de l'animal. Mais il nous reste bien des préjugés à vaincre. Nous sommes loin de voir dans la bête l'être qu'une destinée puissante dirige dans les voies de la conscience et de l'inconscience comme elle dirige aussi ces efforts orgueilleux où nous faisons à l'intelligence et à la volonté une part exagérée. Nous sommes peu préparés encore à nous libérer d'un point de vue anthropocentrique par lequel nous nous trouvons étrangement limités. Cependant, quand on voit dans sa plénitude l'harmonieux lacis par lequel les phénomènes de la nature s'entrecroisent ; quand on se penche sur l'animal, que l'on étudie ses mœurs, que l'on se donne la peine de comprendre ses activités, on est étonné des idées plus larges qui s'ouvrent, des habitudes qui s'expliquent, de tout ce phénomène psychologique, individuel et social que l'immensité des choses commente avec une clarté singulière. Pour l'entrevoir, il suffit de faire abstraction un instant des croyances opprimantes et des préjugés qui leur ont survécu.

Les Orientaux de l'Extrême-Asie n'ont point connu cette prison de laquelle nous avons tant de peine à nous évader. Rien n'est venu limiter chez eux la faculté de saisir les activités multiformes du monde, de les comprendre et de les exprimer. Aussi, à la base de leur civilisation tout entière, trouvons-nous une conception de la relativité des choses retentissant aussi bien sur leurs cadres sociaux, leur structure psychologique, leurs idées philosophiques ou religieuses, que sur l'ensemble de leur art. Ils ont compris la place exacte de l'homme dans la nature ; ils ont saisi le mouvement divers des destinées ; le monde leur est apparu, non point comme un élément incomplet, soumis à leur orgueil par un créateur absolu, mais comme un ensemble frémissant dont la vie s'écoulait, avec ses subtilités, ses beautés et ses douleurs, dans une activité géante. Au delà d'elle, ils ont su entrevoir la présence de ce principe énorme, qui domine l'immensité, dont la conscience n'a qu'un soupçon et que la pensée ne peut définir ; le sentiment d'autrefois l'a divinisé ; notre premier effort l'a réduit à la taille de nos dieux. Pour l'Orient, au contraire, il représente une loi fixant le plan des choses ; dans le cycle de la naissance et de la mort, au delà du relatif dans lequel nous sommes enfermés, il entraîne l'univers tout entier vers un avenir obscur comme les origines, ténébreux comme elles et, comme elles, inaccessible.

Telle est la conclusion à laquelle on aboutit lorsque, après une vue superficielle de l'Art d'Extrême-Orient, on s'est trouvé conduit à pénétrer son histoire. Le charme extérieur attire ; puis, à mesure que la séduction s'exerce, il entraîne toujours plus loin, dans la voie d'une spiritualité singulière. Il ne s'est jamais posé d'autre but que de dégager de la grossièreté des apparences, l'âme universelle. Il y a quelque chose d'émouvant dans cette palpitation soutenue, dans ce frémissement sublime jaillissant ainsi des œuvres accumulées. A mesure que, au cours de l'étude, elles ajoutent leurs beautés diverses, elles finissent par composer un ensemble où l'histoire de la pensée orientale surgit dans cette impressionnante unité que lui donne le travail séculaire des hommes. On part d'un bibelot très accessible où l'attitude, le mouvement, la structure, dégagent un charme pénétrant, et l'on finit par découvrir, derrière l'œuvre peinte ou sculptée, la vision magique d'un nouvel univers. C'est que « Tout est dans Tout » comme l'affirme la devise profonde des Gnostiques alexandrins ; même descendue dans la menue chose où s'exerce l'habileté d'un artisan, l'inspiration se fait sentir encore. Sous un aspect réduit elle laisse entrevoir ce qu'il y avait de géant dans son désir et dans son destin.

Nous avons à donner un sérieux effort si, avec notre puissante et lourde intelligence d'Occidentaux, nous voulons arriver à comprendre ce qui fait la grandeur et l'unité de l'Extrême-Orient. Nous devons nous dégager de notre culture traditionnelle, nous faire une psychologie nouvelle par le contact d'une philosophie dont l'esprit subtil et délié rappelle seulement la clairvoyance des heures les plus heureuses de la Grèce. Nous sommes habitués à juger par l'individuel ; car, d'une part, nos conceptions et nos idées accordent une part exagérée à l'individu ; et, d'autre part, notre évolution repousse ce qu'il y a de social en nous pour nous conduire vers un individualisme qui confine à la maladie. A notre instabilité sociale, à nos crises furieuses, faites de désirs inassouvis, d'ambitions personnelles et d'indiscipline, s'oppose le développement harmonique de la civilisation chinoise ou de la civilisation japonaise. Traversées de guerres et de massacres comme les nôtres, elles ne subissent point, pourtant, les soubresauts violents qui caractérisent notre évolution. L'ensemble est assez puissant pour digérer les apports nouveaux ; nulle part on n'a vu, nulle part on ne verra jamais des systèmes philosophiques comme ceux de Lao-tseu ou de K'ong-tseu des systèmes religieux comme le Taoïsme, le Bouddhisme, le Shinntoïsme, des superstitions comme la géomancie et l'astrologie populaires, se composer en une harmonie qui laisse à la pensée humaine la même discipline, au sentiment de l'homme les mêmes objectifs et la même direction.

Quelque étrangères que ces considérations puissent paraître au but poursuivi dans cette étude, elles ne s'y rapportent pas moins étroitement. L'art de l'Asie orientale est le reflet de cette évolution unitaire et parfaite ; il n'est point coupé, comme le nôtre, en plusieurs tronçons par des changements brusques et plusieurs révolutions de l'esprit. Il poursuit son destin avec ce calme, cette grandeur des fleuves asiatiques qui traversent de leurs flots innombrables l'immensité d'un continent. Il rejoint notre époque troublée avec cette même pensée sûre et profonde, cette même adoration de la nature connues dès les origines ; malgré ce travail séculaire, il ne paraît pas avoir épuisé encore les ressources qu'il porte dans l'étendue de sa culture. Plus étroitement que le nôtre, il tient à l'ensemble des idées et des conceptions édifiées par la sagesse asiatique sur la philosophie de la nature et, comme il a pénétré l'essence réelle des choses, il leur doit la fécondité inépuisable et l'inépuisable variété de la vie. Tous les aspects de l'histoire se reflètent dans ses œuvres. On y trouve la glorification des êtres à demi fabuleux qui, aux premières périodes de la légende, constituèrent la civilisation chinoise. On y trouve les dieux, les demi-dieux et les génies du Taoïsme et du Bouddhisme, les grands disciples de K'ong-tseu et jusqu'aux êtres innombrables qu'inventa l'imagination du peuple. On y trouve plus : on y trouve une nature abondante et sereine, vue dans la profondeur de la contemplation philosophique, avec une netteté, une clairvoyance, une divination des aspects divers de l'âme universelle, telles, qu'aucune croyance, même la plus superstitieuse, n'a pu les faire fléchir. On y découvre non seulement les images extérieures d'une civilisation qui remplit le destin d'une moitié du monde, on y trouve aussi l'essentiel des principes qui ont dirigé sa culture ; on y trouve, enfin, cette culture exprimée avec toute la magie que l'analyse la plus exercée peut donner à l'expression de la pensée. L'art de l'Extrême-Asie reflète le contenu de l'évolution qu'il caractérise ; par ses tendances à dégager l'esprit, à exprimer le sentiment profond, l'âme apparue dans la rêverie contemplative, il en reflète surtout le contenu intellectuel. C'est pourquoi on ne pourra pénétrer son essence si l'on n'étudie point la philosophie sur laquelle il repose. Elle seule peut en expliquer les créations. Quant à lui, par son appel au sentiment des hommes, par l'éveil qu'il donne à cette conscience obscure où se trouvent enfermées les expériences ancestrales, il devient le commentaire indispensable de ce savoir subtil conçu par les philosophes et que les mots rebelles, trop lourds pour des pensées aussi parfaites, ne surent exprimer qu'à demi.

PHILOSOPHIE DE LA NATURE
DANS
L'ART D'EXTRÊME-ORIENT

CHAPITRE PREMIER
LA PHILOSOPHIE CHINOISE. LAOÏSME ET CONFUCIANISME

I

C'est une idée assez répandue que le Bouddhisme seul a donné l'impulsion première à l'art chinois et, par lui, à l'art de l'Extrême-Orient tout entier. C'est aussi une vue passablement superficielle de la réalité des choses ; elle contredit, en effet, les enseignements de l'histoire, et, d'autre part, elle tend à rapporter à une religion que la Chine et le Japon ont profondément modifiée, une influence exclusive. La fortune du Bouddhisme dans l'Empire du Milieu s'explique tout au contraire par le travail des siècles antérieurs.

Si la Chine a mis au service de sa propagation comme de son développement une aussi énorme dépense intellectuelle, c'est que la nouvelle doctrine venait satisfaire des aspirations éveillées déjà, des besoins dont le germe était contenu dans les doctrines du passé. Il en est ainsi surtout pour ce sentiment compréhensif et profond de la nature que le Bouddhisme porte avec lui. Il l'a si peu créé qu'il est tout autre sous sa forme indienne. Mystique et visionnaire, apitoyé sur les apparences vivantes du monde, fait de charité et de rêverie, il ne donne point à l'art indien cette compréhension vigoureuse de la plante, de l'animal ni, surtout, du paysage que la Chine et le Japon ont exprimée. Sur cette terre où il est né, où il a lutté vainement contre les religions antérieures, où, par un étrange effet du destin, il s'est trouvé rapidement absorbé, le Bouddhisme n'a rien modifié. L'art indien a gardé la conception déréglée et monstrueuse du rêve mystique ; l'impossible y règne dans tous ses domaines, l'impossible et le fabuleux. C'est comme une profusion d'images où se réfléchit la fécondité d'un monde en travail, d'une intelligence plus imaginative qu'observatrice ; dans ses réalisations plastiques, elle traduit avec une fécondité frénétique l'écoulement de conceptions qui semblent ne se poser d'autre but que de dépasser à tout instant les éléments du réel. Et lorsqu'on rencontre, dans le bas-relief ou dans la sculpture, quelque animal que la tradition religieuse a rendu sacré, comme le singe, l'éléphant ou le taureau, presque toujours le symbole s'empare de lui pour le styliser en Hanouman, en Ganeça, ou bien pour le réduire à une synthèse pareille à celle de ces taureaux gigantesques de Mysore et d'Allahabad où la superbe de la force tranquille et de la grandeur, enfermée dans des formes, pour ainsi dire schématiques, rappelle encore avec une intensité surprenante le symbolisme obscur qui l'a créée.

Au contraire, une compréhension singulière de la nature se dégage de la culture bouddhique de la Chine et du Japon. Les préceptes et les dogmes, le sentiment profond des croyances ont rencontré là un terrain autrement préparé. Ils ont apporté une raison de contempler, avec les extases de la foi, l'écoulement des choses et la variété multiforme d'une mer d'illusions. Mais, avant que la doctrine nouvelle eût donné au sentiment d'autres raisons de concevoir l'essence pareille des êtres avec les diversités et les similitudes de leur destinée, une haute pensée philosophique avait formulé déjà ce qui était épars dans l'âme de la foule, ce que le travail séculaire de l'inconscient avait préparé pour les formules de l'esprit. Rien ne saurait mieux montrer à cet égard la nullité du rôle initiateur du Bouddhisme que l'histoire de l'art ou de la philosophie. Elle éclaire d'un jour singulier l'évolution religieuse de la doctrine indienne ; elle donne la raison d'une unité évidente dans le développement de l'art ; elle explique aussi l'enlacement subtil des théories pures et des religions dans une expression plastique où des voluptés à peine connues de l'intelligence européenne se sont exprimées déjà il y a plus de mille ans.

Il est difficile de se faire une idée précise des conceptions philosophiques de la Chine avant que Lao-tzeu et K'ong-tseu n'en aient formulé les deux aspects distincts. Les anciens livres recueillis du temps de K'ong-tseu se sont trouvés surchargés de commentaires et, comme l'on doit s'en rapporter souvent à des écrivains plus récents, on ne peut faire avec une netteté suffisante le départ entre les conceptions réellement primitives et les interprétations nouvelles. Cependant, ces conceptions, on peut les entrevoir. La précision même, la permanence des principes qui en découlent donnent une certaine assurance dans la vision crépusculaire de ces âges où s'exprimait le sentiment d'un peuple échappant aux ténèbres des temps protohistoriques pour fonder sa civilisation.

C'est par une cosmogonie qu'il a essayé d'exprimer tout d'abord la philosophie de son univers. Tous les anciens peuples ont traduit en mythes les systèmes par lesquels leur intelligence enfantine et poétique s'essayait à créer une image du monde. On retrouve ces efforts à la base des traditions américaines, indonésiennes ou polynésiennes, comme on les retrouve à la source des civilisations de l'Orient classique et de la Grèce. Le Shinntoïsme japonais lui-même dans lequel on avait cru voir une démonstration formelle des théories de Spencer sur le culte des ancêtres, doit aussi son origine à ces mythes cosmogoniques par lesquels, aux débuts de son histoire intellectuelle, l'homme s'est expliqué la génération des choses au milieu desquelles il vivait.

II

L'humanité présente, dans son histoire primitive, des ressemblances étroites et qui sont bien près de l'uniformité. On pressent, aux origines de la civilisation chinoise, le même effort intellectuel qu'aux débuts de la civilisation en Égypte ou en Khaldée : C'était une explication de la structure du monde par un système où l'homme pût être intégré. Sur la base des croyances, de l'expérience ou des superstitions venues des âges préhistoriques, l'esprit humain édifie ces anciennes cosmogonies par lesquelles il trace les limites et explique le mystère de l'univers dans lequel il se meut. Mais, en Égypte comme en Khaldée, cette explication a pris une forme religieuse et, dans la religion, une forme individualisée qui a créé les dieux. Elle se trouvait ainsi préparée à recouvrir les croyances primitives qui lui donnèrent le peuple innombrable de leurs démons et de leurs génies. En Chine, au contraire, dans cet effort synthétique vers la compréhension de l'universel, aucun élément n'a pris une forme personnelle, immanquablement anthropomorphique. On y est resté attaché à des principes vagues, à une physique rudimentaire. Le Ciel a représenté, dans son immensité et dans son imprécision, les Origines, le Chaos primordial, l'élément essentiel du principe créateur ; la Terre, le créé, l'action des origines, l'élément passif sur lequel s'est exercée la puissance du principe créateur. Des systématisations plus tardives y ont ajouté la hiérarchie des cinq éléments avec leur retentissement complexe sur les formes matérielles, et aussi l'harmonie dégagée du mouvement des corps célestes qui, abstraite de l'astronomie primitive, s'est trouvée exprimée, dans son essence absolue, par l'échelle des sons et la théorie mystique de la Musique chinoise. L'absence de personnification déiste dans cette cosmogonie séculaire a empêché même la constitution d'une idée de Dieu, entendue dans notre sens occidental, sans diminuer et en magnifiant, au contraire, le sens du Divin. Aussi, la pensée chinoise n'a-t-elle point connu, à proprement parler, la phase religieuse. Son effort initial s'est immédiatement constitué en philosophie. Mais cette philosophie a gardé les impulsions profondes et la grandeur que la pensée humaine a connues dans ses périodes de jeunesse et dans la fraîcheur de son premier éveil. Le sentiment religieux et l'esprit philosophique ne se sont point séparés. Ils sont demeurés confondus pour donner aux systèmes évolués sur cette base une valeur d'intuition, un pouvoir évocateur, une prescience de l'infini que l'on sent retentir encore dans la sublimité d'un Lao-tseu et des philosophes ou des artistes, poètes et peintres, qui procèdent de lui.

Si l'on compare le développement de la pensée chinoise à celui de la pensée grecque à laquelle l'Occident doit ses origines spéculatives, on voit se dégager, avec les particularités essentielles de l'Extrême-Orient, le secret de la voie dans laquelle il s'est engagé. Il a gardé, en effet, sur l'antiquité grecque, cette supériorité d'ignorer les conséquences de l'anthropomorphisme. Il n'a point donné la personnalité divine aux phénomènes définis par sa compréhension des activités du monde. A cet égard, son principe est bien différent de celui qui régit les sources de la pensée européenne. Une étude comparative dénoncera sa nature originale et profonde.

III

Dans la Théogonie d'Hésiode, comme dans les poèmes orphiques, le caractère cosmogonique est le caractère dominant. La réflexion de l'homme remonte jusqu'à la cause inexplicable, puis, elle en fait dériver tous les phénomènes par une analogie empruntée à l'expérience. Le but du problème, c'est l'explication des origines du monde et des dieux. On trouve, au commencement des choses, le Chaos comme une cause générale, une figuration de l'inexplicable, puis Eros comme représentation de la puissance génératrice. Du chaos surgit la terre ; elle engendre le ciel, les montagnes et la mer et c'est la définition du monde physique vu dans ses éléments les plus étendus. S'unissant au ciel, la terre engendre alors la première famille des dieux. A cette conception de la Théogonie d'Hésiode, les poèmes orphiques n'ajoutent rien de bien différent quant à la valeur des idées et à leur nature philosophique. On y retrouve le procédé simpliste de l'imagination primitive, répondant à la question des origines par une construction mentale qui emprunte au contenu de l'expérience les moyens dont elle fait dépendre la constitution de l'univers. Une double hypothèse s'offre alors à l'esprit de l'homme : tout ce qui se présente à l'observation est ou bien formé naturellement, ou bien produit intentionnellement. Dans le premier cas, la production peut avoir lieu par l'action des éléments, par la croissance ou par la génération. Dans le second cas, elle peut avoir lieu mécaniquement, par l'élaboration d'une matière préexistante, ou dynamiquement, comme lorsque l'homme agit sur son semblable par la simple énonciation de son vouloir[1]. Cette méthode, dépendant d'une structure mentale générale aux formes les plus diverses de l'humanité, se retrouve avec son même caractère dans la cosmogonie des différents peuples. Elle est à la base du système philosophique chinois. Celui-ci voit dans le Ciel la substance primordiale d'où a pu découler l'universalité des êtres ; puis, pour expliquer la série des formations diverses, il y introduit le principe femelle et le principe mâle, le Yin et le Yang, dont l'action donne à l'interdépendance et à la succession des phénomènes le caractère de la génération.

Si l'on compare ce procédé de raisonnement à celui que dégage la théogonie d'Hésiode, on doit constater qu'il repose sur un processus mental identique. Le Chaos du Grec et le Ciel du Chinois sont l'extrême conception à laquelle aboutit l'analyse ; ils sont la représentation de l'inexplicable, et cet Eros que Platon appelait la plus ancienne des divinités, n'est autre que la contre-partie du Yin et du Yang. Comme eux il représente l'idée de la force génératrice. En Grèce comme en Chine, le penseur des temps primitifs

---

1. Cf. Zeller. *Histoire de la Philosophie grecque*, t. Ier. Paris, Hachette, 1877.

n'a trouvé, dans le capital réduit de son expérience, que la génération, observée sur les êtres par lesquels il était immédiatement entouré, pour expliquer l'enchaînement des phénomènes et la constitution originelle du monde.

Cependant, une différence essentielle s'établit entre le système occidental et le système oriental. Celui-ci reste fidèle à la conception première des Cosmogonies; celui-là, dans les formes sous lesquelles nous le connaissons, a pénétré déjà dans la conception des Théogonies. Il éprouve le besoin de prêter une personnalité aux phénomènes, ou plutôt, aux principes que son raisonnement lui permet d'abstraire de la réalité. Derrière le dieu d'Hésiode on découvre sans peine le phénomène cosmique par lequel il est dominé. On voit, par exemple, Erèbos engendrer avec Nyx Aether et Héméra, parce que le Jour s'oppose à la Nuit et provient du Sombre. L'observation élémentaire de la succession des phénomènes a conduit le poète à des analogies auxquelles il applique l'idée de génération. Mais cette tendance aboutit à la personnification de plus en plus étroite du dieu. Il arrive un moment où le mythe cosmologique fait place, d'une part, à une généalogie des dieux fixée sous sa forme religieuse, d'autre part, à des philosophies naturalistes comme celles des physiciens d'Ionie où la connaissance tend à la possession du principe des phénomènes en dehors de toute intervention du divin. La scission de la tradition primitive et de l'esprit scientifique est alors accomplie.

C'est précisément cette évolution et ce dédoublement que la pensée chinoise n'a point connus. L'intervention de l'idée de génération dans la production et dans la succession des phénomènes n'a pas conduit à recouvrir d'une figuration anthropomorphique les phénomènes eux-mêmes. En contact avec le T'ien, le Ciel, représentation primitive de l'inexplicable, le Yang et le Yin, principes mâles et femelles, ont gardé leur nature indéfinie et sans limites. Ce caractère essentiel dirige toute l'évolution de la philosophie chinoise et, à cet égard, il demeure fixé sous la forme que lui donne le Yi-King, le « livre des Transformations » attribué par la tradition à l'empereur fabuleux Fou-hi, recueilli et commenté plus tard par K'ong-tzeu. « C'est le Ciel primordial, dit le vieux texte, qui a donné leur origine à l'universalité des êtres; ceux-ci s'appuient sur lui, ils ont en lui leur racine, c'est-à-dire que le Ciel est le lien qui embrasse tous les êtres »... « C'est sur la terre subordonnée au Ciel que naissent et s'appuient tous les êtres, c'est-à-dire qu'ils obéissent aux lois qu'ils ont reçues du Ciel. La terre, dans son ampleur, contient les êtres, par sa vertu, elle les réunit en un nombre illimité. »

Dans cette dualité primitive, la terre et les éléments terrestres sont dominés par le principe femelle et négatif — le Yin; tandis que le Ciel et les éléments qui dépendent du Ciel relèvent du principe mâle et positif — le Yang.

Aucun de ces principes ne prend la forme personnelle; le Ciel garde son caractère indéfini. La succession des phénomènes se réalise en de vastes ensembles; cela seul suffit à lier d'une façon directe l'évolution philosophique à la cosmogonie mythique et primitive.

Le Hi-ts'eu ou supplément du Yi-King ajoute une énumération qui y rattache directement aussi la philosophie morale. En Grèce, la cosmologie d'Hésiode et les poèmes orphiques ont agi directement sur la philosophie de la nature, mais c'est en dehors d'elle et beaucoup plus tard que la théorie morale a pu surgir de la sagesse populaire. Elle se constitue avec les gnomiques du vi° siècle : la légende des sept sages provient de la tradition de cette époque. Ce sont des législateurs, ils représentent la naissance de la réflexion morale dans la politique de la cité, ils président à sa formation, ils lui apportent l'instrument psychologique de sa cohésion. En Chine, cette évolution se développe sur le contenu primitif. La philosophie morale apparaît comme une conséquence directe des grands phénomènes constitutifs de l'univers. L'intelligence voit, dans la conduite particulière, l'écho des lois dominant l'ensemble du monde. L'observation de la vie humaine et de l'activité morale rattache explicitement les règles de détail aux principes supérieurs qui régissent l'ensemble. Les points pratiques ne restent pas limités à des faits particuliers, mais ils sont gouvernés par la succession des phénomènes; ceux-ci retentissent jusque dans la nature morale de l'homme et dans son organisation sociale. La succession dégagée par le Hi-ts'eu est particulièrement démonstrative à cet égard : « Il y eut le Ciel et la Terre et il y eut ensuite les dix mille êtres [1]; il y eut les dix mille êtres et il y eut ensuite le mâle et la femelle; il y eut le mâle et la femelle et il y eut ensuite le mari et la femme; il y eut le mari et la femme et il y eut ensuite le père et la mère; il y eut le père et la mère et il y eut ensuite le père et le fils; il y eut le père et le fils et il y eut ensuite le prince et le sujet; il y eut le prince et le sujet et il y eut ensuite des supérieurs et inférieurs; il y eut des supérieurs et des inférieurs; et ensuite, ce furent les lois de la civilisation et de la justice. »

Le Chou-King (Livre des Annales) revient plus tard sur ces conceptions dans le tableau figuratif où se trouvent classées les neuf règles fondamentales que le vicomte de Ki exposa, dit la tradition, au roi Wou Wang; on y

---

[1]. Ce terme est pris dans le sens de l'ensemble des choses créées.

retrouve une hiérarchie analogue. Aux cinq éléments, elle fait correspondre les cinq facultés de l'âme par lesquelles le ciel et la terre s'unissent et d'où découlent les règles du bon gouvernement. C'est une sorte de philosophie politique et morale où la pratique des vertus fondamentales et du bon gouvernement dépendent d'une physique rudimentaire par laquelle les phénomènes du monde se rattachent directement à la destinée des hommes. Ils sont comme un reflet de leur conduite morale ; ils représentent le lien unissant le ciel à la terre et se montrent hostiles ou favorables suivant les actes des êtres dont ils dominent l'universalité.

A ces conceptions, il faut joindre d'autres éléments développés par le Yi-King. Ils touchent à la loi des nombres et donnent à l'action de ceux-ci un caractère régulateur, dans la loi physique comme dans la loi morale.

IV

La philosophie grecque à un moment donné et peut-être sous l'influence de la pensée orientale, construisit une métaphysique du nombre. Les Pythagoriciens considéraient que le nombre possède une réalité objective et qu'il constitue la substance des choses. L'idée d'harmonie, d'ordre, de mesure représentée par la réalité du nombre, déterminait pour eux le principe dominant du monde physique et du monde moral. Dans ce qui n'est, pour nous, que l'expression d'un rapport, l'intelligence grecque voyait alors une réalité ; elle en fit jaillir un système complexe fort éloigné des anciennes cosmogonies.

En Chine, l'esprit de l'homme fut aussi frappé par la valeur mystique du nombre. Mais sa conception surgit dans cet ensemble cosmologique auquel il conserve le caractère d'une physique primitive. La périodicité des phénomènes naturels, tels que le mouvement du soleil, de la lune, le mouvement apparent des étoiles, conduit à abstraire l'idée de nombre du phénomène naturel lui-même. La marche directe, qui va du phénomène à l'abstraction, est apparente dans le texte des anciens philosophes « Il y eut d'abord le Ciel, puis la Terre, dit la cosmogonie de Yu-tseu. Quand il y eut la terre, il y eut ensuite distinction ; de la distinction vinrent le droit et le devoir. Après les droits et les devoirs, il y eut enseignement et, après l'enseignement, le corps des principes. Des principes vinrent les règles d'action, puis les nombres se formèrent. Le soleil a son obscurcissement et sa clarté, le jour et la nuit, et cela produit les nombres; la lune a son plein, ses conjonctions et ses disjonctions qui comptent les périodes (Ki). Ces quatre faits, par leur fixité, règlent les nombres[1]. » Le Yi-King y ajoute une théorie plus nettement métaphysique : « Le ciel est le principe mâle yang; la terre est le principe femelle ying; les nombres un, trois, cinq, sept, neuf, constituent le principe mâle ou actif yang; les nombres deux, quatre, six, huit, dix, constituent le principe femelle ou passif yin. » Les différentes combinaisons de ces nombres expriment toutes les lois de formation des êtres.

Sans doute, on manque d'éléments précis pour déterminer si chacune de ces catégories ainsi définies par la philosophie ancienne de la Chine, correspond réellement à la haute antiquité assignée par les livres chinois. Cependant, il faut noter d'abord que l'importance attribuée par ces idées mêmes à la réglementation de la vie humaine au moyen des rapports célestes et des phénomènes périodiques du monde extérieur, permet de reconnaître à la chronologie chinoise une valeur que la critique n'a pu conserver aux indications fantaisistes d'autres peuples; il faut ensuite et surtout s'en rapporter au contenu des premiers monuments philosophiques de la Chine. Par certains de leurs aspects, les idées qu'ils expriment semblent avoir préparé la voie où s'est engagée la métaphysique subtile de Lao-tzeu, tandis que, par d'autres, elles marquent d'une manière très affirmée les origines du système confucéen. Le premier de ces philosophes, en effet, dans le Ciel, racine des êtres, préexistant au dualisme d'où surgirent les aspects matériels du monde, pouvait trouver ce Tao immense, impénétrable et souverain vers la compréhension duquel son esprit se met en marche. K'ong-tzeu, au contraire, délaissant résolument tout ce qui pouvait avoir un aspect métaphysique, cherche à développer la loi morale et politique des vieux systèmes. Tandis que le premier n'y voit que l'intellectuel, le second n'y trouve que le positif et le social. Dans cet ensemble primitif et confus, on n'aperçoit guère que des indications sur ce que sera la philosophie plus ferme d'un âge nouveau, mais on y retrouve aussi, cependant, d'une façon bien nette, cette double direction dans laquelle, à travers tant de siècles et au sein de religions diverses, s'exercera la pensée chinoise. Dans leurs éléments essentiels, ces vieux textes semblent bien exprimer ce qui, dès le début, fut propre à la philosophie de l'Extrême-Orient.

C'est le caractère qui domine l'évolution de la philosophie chinoise. La loi

---

[1]. De Harlez. *Fleurs de l'Antique Orient*. — *Extrait des œuvres inédites des quatre plus anciens philosophes de la Chine*. Journal Asiatique, IX, 8, 1896, p. 188-189.

du nombre comme la loi morale s'intègrent dans le système cosmologique. Les droits et les devoirs sont inscrits dans la dépendance naturelle et la régulation rythmique des aspects du monde. Ainsi, la périodicité des phénomènes tels que le mouvement du soleil, de la lune et le mouvement apparent des astres, fixe l'idée de nombre et d'harmonie à laquelle se rattache la loi morale des droits et des devoirs. C'est dans l'essence même de l'univers qu'elle prend racine ; elle est un cas particulier, un principe abstrait au sein de cette création gigantesque dont l'humanité ne représente qu'un élément. Exprimée au xii* siècle avant notre ère, cette conception devait diriger jusqu'à nos jours l'évolution de la pensée chinoise. Admise par K'ong-tseu, qui se conforme pieusement à la tradition, elle devait former d'autre part la base essentielle du système Laoïste. C'est par la recherche de l'âme universelle, apparue dans le rythme du monde physique comme du monde moral, que sera travaillée cette longue série de sages amoureux des solitudes montagneuses où leur contemplation se perd dans l'immensité. L'art lui-même se trouvera imprégné de cette ancienne doctrine ; à ses heures les plus glorieuses, il ne sera pas autre chose qu'un commentaire prestigieux de cette conception particulièrement puissante dans l'histoire de la pensée humaine.

Ainsi donc, la cosmogonie primitive, gardant son caractère indéterminé, a fourni à la philosophie chinoise la base sur laquelle elle a construit sa représentation du monde physique, moral et social, dans une impressionnante unité. Si l'on y trouve les étapes diverses parcourues par l'esprit de l'homme au moment où il s'éveillait aux premières spéculations de l'intelligence pure, on n'y trouve point ces solutions de continuité, ces directions divergentes, ces ruptures qui, s'écartant des cosmologies primitives, ont donné à la Grèce la constitution de sa religion et de ses philosophies. Le monde occidental y a gagné la détermination de l'esprit scientifique. Celui-ci ne pouvait arriver à se constituer, sous la forme qui nous est propre, dans la puissante unité spéculative de l'Extrême-Asie. Il lui fallait une dispersion fragmentaire qui ne s'est pas produite. Là où dominent des conceptions lointaines comme celles de la Chine, il n'y a place que pour des techniques d'application ou des spéculations pures. Nous pouvons entrevoir leur origine et la séquence logique de leurs déductions : il nous est impossible cependant de les fixer dans une donnée historique précise. Tout ce qu'on peut dire, c'est qu'elles datent des périodes où s'éveillaient les premières civilisations et qu'elles se trouvent directement en contact avec la psychologie d'un monde très ancien.

Au point de vue de leur évolution postérieure, on y trouve, comme on l'a vu plus haut, ceci de frappant qu'elles semblent, d'une part, avoir préparé la voie dans laquelle s'est engagée la métaphysique subtile d'un Lao-tzeu, tandis que, d'autre part, elles comportent déjà le germe du système confucéen. En effet, dans le Ciel, racine des êtres, préexistant au dualisme d'où surgissent les aspects matériels du monde, le premier de ces philosophes pouvait trouver ce Tao immense, impénétrable et souverain vers la compréhension duquel son esprit se met en marche. K'ong-tseu, au contraire, délaissant résolument tout ce qui pouvait avoir un aspect métaphysique, cherche à développer la loi morale et politique des vieux systèmes. Tandis que le premier n'y voit que l'intellectuel, le second n'y recherche que le positif et le social. L'ensemble confus du Yi-King constitue la source de cette double direction dans laquelle, durant des périodes séculaires, la pensée chinoise devait s'exercer. Il exprime ce qui, dès le début, fut propre à la philosophie de l'Extrême-Orient : le contact permanent de ces temps mythiques où, dans les cosmogonies primitives, l'intelligence s'exerçait à embrasser d'un seul effort la totalité du monde visible et des principes par lesquels il était dominé.

On est plus proche des formes philosophiques postérieures avec l'œuvre de Kouan-Yin-tseu. Il passe pour avoir été le contemporain de Lao-tzeu. Comme lui, il se retire dans la solitude ; c'est au bord de l'océan dont il écoute le murmure, qu'il poursuit ses méditations et fixe sa pensée. On y trouve une expression du Taoïsme analogue à celle que devait fixer Lao-tzeu avec l'affirmation de cette puissance universelle et de cette essence subtile qui font du Tao le principe unique caché sous la multiplicité des apparences. « On dit, le Tao est immense, et on ne le connaît pas ; le cœur est en mouvement perpétuel et n'a point de maître qui le retienne. Les êtres se succèdent sans manquer jamais. L'éclair s'échappe, le sable vole en l'air. Le saint connaît ainsi trois choses : le cœur, l'être particulier et le Tao. Ces trois réunis ne font qu'un, mais de telle façon que l'unité ne détruit pas la diversité ni la diversité l'unité... Le Tao du saint a une racine, mais pas de tête ni de queue ; se prêtant à tous les êtres, il ne s'épuise pas. Aussi l'on dit ce n'est point le Tao qui regarde, c'est le feu. Ce n'est point lui qui repousse, c'est le bois ; ce qui parle, ce qui pense, ce n'est point le Tao, mais le métal, la terre. Le saint seul ne se départit pas de sa nature fondamentale, mais atteint le Tao suprême. Avant que son cœur ait engendré ses sentiments, le Tao l'a mis en action[1]. »

Ainsi se trouvait défini ce principe si particulier à la pensée chinoise que les mots nous manquent pour l'exprimer avec précision. Il prend la forme universelle, conçue de manière à ne rien comporter de personnel ni de limité ; il a la puissance, l'énormité, l'omniprésence, il dépasse par tous ces attributs les facultés compréhensives de l'homme sans jamais donner naissance à l'idée plus mesquine et trop définie dont nous avons fait Dieu. Il appartenait à la pensée chinoise de concevoir l'infinité du monde sans le restreindre à la formule d'une création. Il est apparu à l'Orient comme travaillé d'un rythme immense dont il a tenté de saisir l'essence réelle. Cet effort prodigieux devait donner à la philosophie d'un Lao-tzeu le caractère par lequel elle domine l'activité intellectuelle de l'Extrême-Asie.

V

C'est dans le Tao-tö-King que l'on peut trouver le reflet de la doctrine philosophique de Lao-tseu. Des interpolations ont abâtardi l'expression première ; on a mis en question l'originalité et l'antiquité du livre : quelle que soit la solution qui doive intervenir, à notre point de vue, le document demeure. On y trouve une vigueur de pensée, une audace contemplative de l'Infini dont l'action n'a pu naître que d'une intelligence exceptionnelle. Dans ces éléments mêmes, se trouve la source d'une philosophie de la nature que l'art d'Extrême-Orient adoptera. Elle est née dans les solitudes où méditaient les sages ; la légende elle-même raconte que le livre du philosophe fut rédigé dans ces lieux sauvages où, retiré du monde, il contemplait l'écoulement des jours dans la magie multiforme de l'heure. Au delà des aspects du réel, il voyait se préciser cette vision de l'Universel dont il essayait de saisir l'essence formidable pour la fixer dans une langue rebelle. Tandis que, ivre de pensée, il laissait errer son esprit dans la séduction des choses comprises, dans l'énormité du principe entrevu, les animaux les plus craintifs se rassemblaient autour de lui et les daims de la forêt venaient se coucher aux pieds du vieillard. Sur cette montagne d'où ses yeux mortels dominaient les formes passagères comme son esprit dominait la pensée des

---

1. M.-C. de Harlez. *Fleurs de l'Antique Orient.* — *Extraits des œuvres inédites des quatro plus anciens philosophes de la Chine.* Journal Asiatique, IX, 8, 1896, p. 207-208.

hommes, un jour, à la porte de son ermitage, un buffle apparut. C'était un lourd animal, pareil à ceux que les hommes emploient pour le travail. Il avait un anneau passé dans les narines ; il était sellé et bridé comme pour un long voyage. Il se coucha aux pieds du solitaire. Celui-ci enfourcha la bête et le monstre s'ébranla. On raconte qu'il galopa parmi les nuages et qu'il disparut dans la direction de l'Occident.

Comme le monstre de la légende, la pensée de Lao-tseu nous entraîne dans des régions intellectuelles où il semble que l'esprit, perdant contact avec la matière, perçoive, par la pure intelligence, des relations insoupçonnées. Le rêve métaphysique donne parfois l'impression que l'on arriverait à saisir les principes essentiels des choses si l'on pouvait, ne fût-ce qu'un instant, échapper à la lourde structure de l'être et du mot. On se sent comme prisonnier dans la nature animale ; l'intelligence, alors surexcitée par des contemplations abstruses qui ne sont point sans volupté, entrevoit des relations et des lois que l'imagination a créées et qui s'évanouissent dès que, par l'expression du mot, la réalité veut les saisir. Ce rêve exaspéré où se sont complus les mystiques de nos religions occidentales et certains de nos sages, semble avoir été l'une des voluptés les plus recherchées des philosophes ou des artistes de l'Extrême-Orient / Retirés dans les solitudes montagneuses, ou bien dans les monastères bouddhistes, en Chine comme au Japon, ils s'égarent dans la vision de la nature, se baignent de ses apparences, se noient dans son infini. Seulement, — et c'est là que se marque la différence essentielle des psychologies orientales et occidentales, — loin d'exaspérer ce monde intérieur, cette construction individuelle et fausse qui, chez nous, a toujours écarté nos rêveries de la nature et les a, au contraire, projetées dans un monde artificiel, en Orient, c'est dans la nature elle-même que s'égare le rêve ; sur ses lois obscures, sur ses rapports harmonieux, sur ses principes parfaits comme une œuvre d'art, l'intelligence de l'homme exerce ses facultés de compréhension et son pouvoir de réalisation.)

Ce n'est pas sans un certain travail de l'esprit que l'on peut arriver à saisir d'une façon exacte ce que le philosophe définit par le mot Tao. Le caractère qu'il emploie est formé de deux parties : le radical *tch'o* qui correspond au sens de la marche, du mouvement en avant, et le radical *cheòu*, tête, principe, origine, commencement. La signification du composé donne le sens de la marche intelligente, de la voie droite ou de la Voie par excellence par lequel on a parfois traduit le terme. Mais il faut y ajouter le sens d'un principe directeur des choses que l'on exprime par Raison primordiale ou Raison suprême en y mêlant, sans aucun doute, force de nos idées occidentales. Celles-ci ne nous permettent guère de concevoir un principe comme indistinct, impersonnel et non défini; mais, pour nous amener à comprendre même les abstractions les plus accusées, elles nous conduisent trop souvent à les définir d'une manière qui leur prête une anthropomorphique personnalité.

A cet égard, la mentalité orientale diffère singulièrement de la nôtre. Les conditions de la langue et de l'écriture y jouent, certes, un rôle, aussi bien que la nature spéciale de la pensée. Toujours est-il que les Chinois n'ont pas eu besoin de ces définitions trop précises, qui supposent une interprétation, et par lesquelles nous avons exprimé la cause première ou l'origine des choses. Ils ont eu des religions et ont pu se passer d'une notion qui correspondît à notre notion de *Dieu*. Ils ont su accepter l'incertitude que comporte l'idée de la cause première et du Destin. Elle se perd pour eux dans une brume que tous nos systèmes européens ne déguisent qu'à demi; rien ne saurait en donner un meilleur exemple que l'ensemble des conceptions complexes et flottantes évoquées par le mot Tao. C'est plus une direction entrevue qu'un principe découvert; une hypothèse qu'une certitude. C'est l'affirmation de quelque chose qui échappe à la conscience et à la pensée de l'homme, qui dépasse les limites de sa vision intellectuelle. Aussi, en définissant cette conception incertaine et grandiose par l'idée de raison suprême, la réduisons-nous aux cadres étriqués de notre métaphysique. L'abstraction asiatique ne s'est jamais écartée du phénomène naturel, elle a gardé un contact constant avec les flottements du monde; demeurant imaginative et sentimentale en même temps qu'intellectuelle, elle ne s'est point desséchée dans les systèmes artificiels où les occidentaux ont orgueilleusement essayé d'enfermer des choses que la rigidité même de leurs classements les empêche de saisir.

Cette conscience de l'énormité des principes dominateurs du monde a créé, dans la mentalité de l'Asie, une idée de la relativité humaine que nous sommes en train aujourd'hui d'acquérir bien tardivement. Il y a plus de deux mille ans qu'elle dirige le développement de la civilisation et des arts d'Extrême-Orient ; aussi en la fixant ici, comme une introduction à la métaphysique laoïste, la définissons-nous, une fois pour toutes, dans l'ensemble d'une évolution dont nous étudierons plus loin les termes récents.

« Un esprit européen, dit M. Chavannes, peu accoutumé aux modes de pensée de l'Extrême-Orient, hésite à transposer dans nos langues, faites pour exprimer d'autres conceptions, les formules concises et énergiques où se complaît cette antique philosophie[1]. » Puis, il résume en ces termes parfaits la donnée essentielle du Tao : « Un principe unique règne au-dessus du monde et se réalise dans le monde, lui étant à la fois transcendant et immanent ; il est en même temps ce qui n'a ni forme, ni son, ni couleur, ce qui existe avant toute chose, ce qui est innommable, et d'autre part, il est ce qui apparaît dans les êtres éphémères pour les disposer suivant un type et imprimer sur eux comme un reflet de la raison suprême. Nous apercevons ici et là dans la nature les éclairs lumineux par lesquels il se trahit au sage et nous concevons une vague idée de sa réalité majestueuse. Mais, parvenu à ces hauteurs, l'esprit adore et se tait, sentant bien que les mots des langues humaines sont incapables d'exprimer cette entité qui renferme l'univers et plus que l'univers en elle. Pour la symboliser du moins en quelque mesure, nous lui appliquerons un terme qui désignera, sinon son essence insondable, du moins la manière dont elle se manifeste ; nous l'appellerons la Voie, le *Tao*. La Voie, ce mot implique d'abord l'idée d'une puissance en marche, d'une action ; le principe dernier n'est pas un terme immuable dont la morte perfection satisferait tout au plus les besoins de la raison pure ; il est la vie de l'incessant devenir, à la fois relatif, puisqu'il change, et absolu puisqu'il est éternel. La Voie, ce mot implique encore l'idée d'une direction sûre, d'un processus dont toutes les étapes se succèdent suivant un ordre ; le devenir universel n'est pas une vaine agitation ; il est la réalisation d'une loi d'harmonie. »

Dès le début du Tao-tö-King, Lao-tseu fixe la double apparence de ce monde qu'il entrevoit comme déterminé sous deux essences distinctes : la première, caractérisée par ce principe universel dont son esprit tente de saisir l'essence dans les efforts puissants et poétiques d'une pensée admirable, la seconde accessible, réduite aux proportions humaines et qui comprend l'ensemble des phénomènes de la nature. Il saisit la relation des apparences, les mille liens cachés qui placent les phénomènes dans une dépendance mutuelle ; puis, au delà, il découvre un infini dont il sent la réalité et dont il s'épuise à donner une sensation qui ne soit point insuffisante.

« La Voie qui peut être exprimée par la parole n'est pas la Voie éternelle ; le nom qui peut être nommé n'est pas le nom éternel.

L'être sans nom est l'origine du ciel et de la terre ; avec un nom, il est la mère de toutes choses.

[1]. Chavannes. *Mémoires historiques de Sse-ma Ts'ien*. Vol. I. Introduction, p. xix. Paris, Leroux, 1895.

C'est pourquoi, lorsqu'on est constamment exempt de passion, on voit son essence spirituelle ; lorsqu'on a constamment des passions, on le voit sous une forme bornée. Ces deux choses ont une même origine et reçoivent des noms différents. On les appelle toutes deux profondes. Elles sont profondes, doublement profondes. C'est la porte de toutes les choses spirituelles[1].

Cette Voie parfaite qui définit l'Universel au-dessus des choses prochaines, réduites, individualisées, commande le développement même du monde : « Le retour au non-être produit le mouvement du Tao. — La faiblesse est la fonction du Tao. — Toutes les choses du monde sont nées de l'être, l'être est né du non-être[2]. » Dès lors la succession des phénomènes qui mènent de ce chaos primordial où tout s'égarait dans l'essence indistincte et totale de la Voie, génératrice des choses, s'établit suivant une dégradation qui mène du principe universel aux principes définis.

« Il est un être confus qui existait avant le Ciel et la Terre.
O qu'il est calme. O qu'il est immatériel !
Il subsiste seul et ne change point.
Il circule partout et ne périclite point.
Il peut être regardé comme la mère de l'Univers.
Moi, je ne sais pas son nom.
Pour lui donner un titre, je l'appelle *Voie* (Tao).
En m'efforçant de lui faire un nom, je l'appelle *grand*.
De *grand*, je l'appelle *fugace*.
De *fugace*, je l'appelle *éloigné*.
D'éloigné, je l'appelle (l'être) qui revient.
C'est pourquoi le tao est *grand*, le ciel est *grand*, la terre est *grande*, le roi aussi est *grand*.
Dans le monde, il y a quatre grandes choses et le roi en est une.
L'homme imite la terre ; la terre imite le ciel ; le ciel imite le Tao ; le Tao imite sa nature[3].

Hanté par cette vision prestigieuse de l'Universel aperçu à travers l'écoulement des choses, Lao-tseu ne voit plus dans les activités de la nature ou de l'homme qu'une diminution de cette Voie suprême dans laquelle il engage sa pensée. Les choses du fini lui apparaissent comme secondaires, négligeables ; elles ne sont qu'une réduction de cette éternité sans mesure où règne l'inconnaissable essence, et il trace la marche des dégradations de la Voie par lesquelles le phénomène humain rapetisse de plus en plus ce qui est éternel et omniprésent (cf. Tao-tö-King, XXXVIII). La vie des individus est une ascendance et une décadence, elle rentre dans ce mouvement circulaire par où s'expliquent les activités universelles. Dès lors, un destin fatal mène le

---

1. Tao-tö-King, I. Traduction Stanislas Julien, p. 2, Paris, 1842.
2. Tao-tö-King, XL. *Id.*, *ibid.*, p. 150.
3. *Id.*, XXV, p. 91-92.

monde : tout ce qui subit la loi du mouvement devient contingent et périssable ; dans le cycle où s'écoulent les formes temporaires de la Voie primordiale, il n'y a aucune possibilité d'échapper à cette fatalité. Aussi les choses se réalisent-elles en dehors du vouloir et de la conscience et Lao-tseu en arrive à repousser logiquement le principe de l'action pour chercher à se rapprocher de cette incorporéité et de cette immobilité absolue qui caractérisent l'Essence universelle. Le retour des êtres à leur origine, à leurs principes est le mouvement de la Voie ; l'action dans les limites de l'homme n'est qu'une agitation grossière, une lourde méconnaissance de la réelle destinée. Aussi le but que se pose Lao-tzeu est-il de retourner vers la possession de ces attributs qui caractérisent la Voie parfaite et le principe même de l'univers. La doctrine qu'il prêche est-elle celle du non-agir : L'homme sage est celui qui demeure sans vouloir, il considère sans passion l'écoulement du monde, il s'abstrait le plus possible de ce qui est individuel ; il est le nouveau-né dont la conscience, qui ne s'est pas éveillée encore, participe de l'universel. Lao-tseu répète ce cri que Pétrarque lancera aussi lorsque, dans ses traités latins, il prêchera le non-agir, le retrait des activités du monde, le détachement des heurts grossiers et incompréhensibles et qu'il jettera aux âmes brisées par la lutte implacable ce conseil suprême : « *Vacate.* » Retiré dans les solitudes montagneuses d'où, en de vastes perspectives, se découvrent les horizons brumeux des plaines, il devine, plus loin que le monde réel, cette métaphysique obscure que voilent les apparences : Et lorsqu'il a atteint ce principe absolu qui renferme l'Universel, l'Éternel et l'Innommable, il semble que cette grande voix se taise dans ce silence infini où se recueillent les principes dont le monde réel n'est qu'une forme illusoire, un reflet fugitif et lointain.

Le système philosophique de Lao-tseu pourra paraître d'une nature trop abstraite pour avoir pu exercer une influence directe sur des manifestations aussi définies que celles des arts plastiques. Ce serait cependant se tromper étrangement que de la lui contester. Au contraire, il est resté, pour ainsi dire, à la source même de toutes les interprétations du paysage. Les choses de la nature y sont apparues non point comme des objets concrets pareils à ceux que nos premiers peintres ont essayé de saisir dans leur réalité extérieure, mais comme des symboles flottants derrière lesquels s'évoquait cette immensité insaisissable et subtile dans la contemplation de laquelle s'épuisa la pensée du sage. Le sens d'une destinée impersonnelle agissant en dehors de toute relativité humaine et réglant le mouvement des êtres vers la vie ou vers la mort ; le sens de ces vastes scènes montagneuses, où, dans les caprices de la nuée matutinale Lao-tseu aimait à rechercher une vision de l'impalpable et universelle substance ; tout cela est resté dans la tradition par laquelle, sous l'inspiration des philosophes, naquit l'interprétation plastique de la nature. Et même, lorsque nous aborderons de plus près ce problème, nous aurons lieu de constater que, malgré les efforts nouveaux du Bouddhisme, c'est cela qui est demeuré l'essentiel.

VI

Le système philosophique de K'ong-tseu est loin d'avoir exercé sur l'art oriental une influence égale à celle du Laoïsme. La condition même de son effort en donne une raison immédiate. Tandis que Lao-tseu échappe à ce qu'il y a de contingent et de périssable, méprise le domaine étriqué de l'homme et s'égare dans l'infini, K'ong-tseu au contraire, écarte d'un geste sévère ces spéculations inutiles sur des choses qui sont au-dessus des forces humaines. Il s'attache à ces rapports que Lao-tzeu a considérés comme inférieurs et secondaires. A une conception purement intellectuelle, il oppose une conception purement sociale. C'est de l'homme qu'il s'occupe ; c'est à son organisation collective, aux règles morales qui peuvent l'assurer, aux principes qui peuvent établir sa cohésion et sa puissance qu'il consacre tout son effort. Il ne connaît rien de l'au-delà ; ce culte des ancêtres systématisé par lui, il le réglemente de manière à lui donner le sens d'une continuité dont l'action s'exerce sur l'hérédité sociale de l'homme, de sorte qu'il échappe à ses conditions primitives et magiques pour n'être plus qu'une affirmation positive du sens collectif auquel doit se soumettre le sens de l'individuel.

Grand par sa valeur politique et morale, par sa sagesse prudente, par son raisonnement plein de clairvoyance, le système de K'ong-tseu compose une doctrine dont l'action ne peut guère s'exercer dans le domaine du sentiment. Elle n'a point les envolées sans mesure d'un Lao-tseu ni cette influence qui donne un sens profond aux aspects du réel. En se limitant à l'étude de l'humanité sous son aspect moral et social, elle ne comporte point de doctrine qui fournisse une interprétation de la nature universelle et de l'infinité des êtres. Ce n'est donc point par son contenu propre qu'elle peut déterminer une influence et, à ce point de vue, il est inutile de l'y chercher ; mais elle peut nous apporter le témoignage des conceptions antérieures ou contemporaines, fixées dans la sensibilité collective et affirmées d'une manière assez puissante pour qu'elles y aient été recueillies. Nous allons voir qu'à cet égard elle dégage la réalité d'une conception de la nature antérieure de plus de six siècles à l'ère chrétienne ; elle reste, par conséquent, étrangère à toute influence bouddhique ; elle affirme l'originalité d'une culture qui a donné aux interprétations plastiques du monde un sens aussi impressionnant que profond.

K'ong-tseu reconnaît l'ancien principe de la philosophie chinoise où le Ciel affirme une influence sur les actions des hommes et où se marque ce vaste naturalisme par lequel est régie la hiérarchie du Ciel, de la terre et de l'homme. Il accepte ce que désigne la tradition et c'est là que le système fondé par lui, trouve cette conception de la nature prêtant à l'ensemble des êtres une destinée égale, un intérêt réel que le Bouddhisme accentuera encore par la foi mystique. Mais ces éléments, dans le Confucianisme, sont saisis par le sens de la raison et de l'harmonie : « L'équilibre est le point de départ de toutes les transformations et de tous les changements qui s'opèrent dans l'Univers. L'harmonie est la loi générale de tout ce qui se fait dans l'Univers. Quand l'équilibre et l'harmonie atteignent leur plus haut degré, chaque chose est à sa place dans le ciel et sur la terre ; tous les êtres se propagent et se développent heureusement [1]. » Cette idée de stabilité et de calme domine la conception que le Sage donne du monde. « Seul sous le ciel, le Sage par excellence est capable de développer et de déployer entièrement ses qualités naturelles. Pouvant développer et déployer entièrement ses qualités naturelles, il peut (par ses exemples et ses enseignements) faire que les autres hommes développent et déploient entièrement leurs qualités naturelles. Ensuite, il peut (par de sages règlements) faire que toutes choses servent à l'homme selon toute l'étendue de leurs qualités naturelles. Pouvant faire que toutes choses servent selon l'étendue de leurs qualités naturelles, il peut aider le ciel et la terre à former et à conserver les êtres. Pouvant aider le ciel et la terre à former et à conserver les êtres, il peut être associé au ciel et à la terre [2]. »

Le vaste système des cosmogonies primitives se trouve ainsi ramené à la proportion humaine. C'est elle qui dirige l'effort de la pensée ; le travail constant de K'ong-tseu a été d'y réduire les activités diverses où l'intelli-

---

1. *L'Invariable Milieu* (chap. i, 1), traduction Couvreur, p. 29. Ho Kien Fou. Imprimerie des Missions catholiques, 1895.
2. *L'Invariable Milieu*, XXII, traduction Couvreur, p. 53.

gence se dépensait sans autre but qu'une sorte de volupté abstraite et profonde. Il est arrivé à y intégrer tous ces élans, à les emprisonner, à les discipliner d'une façon si parfaite que sa calme mesure régit encore le système sur lequel tant de générations de philosophes et de lettrés se sont exercées au cours d'une évolution séculaire.

On voit que la conception générale du monde dans la philosophie confucéenne n'abandonne rien des traditions dans lesquelles la Chine s'était composée déjà son histoire intellectuelle. « Les êtres de la nature ont une cause et des effets », dit le Ta-Hio (La grande Etude) : si K'ong-tseu limite à l'homme l'effort puissant de sa philosophie sociale, il ne diminue en rien cependant la compréhension du monde et ce plan de relativité dans lequel l'Orient avait défini la situation exacte de l'homme. Avant le Bouddhisme, le Confucianisme a prêché la douceur et la miséricorde envers tous les êtres de la nature ; il assure que la pitié pour les êtres vivants est naturelle dans le cœur de l'homme et, comme il n'a jamais admis les doctrines bouddhiques de la métempsycose, sa pitié à cet égard prend un caractère de morale pure et désintéressée. Les anciens livres racontent que la mère de Meng-tseu changea sa résidence, dans le voisinage de laquelle s'était établi un boucher, afin que son fils n'endurcît point son cœur à ce spectacle cruel, et Meng-tseu lui-même dit : « Le Sage, après avoir vu les animaux vivants, ne peut souffrir de les voir mourir ; après avoir entendu les cris de ceux qu'on égorge, il ne peut se résoudre à manger de leur chair. Pour cette raison, il place loin de ses appartements la boucherie et la cuisine[1]. »

Ces sentiments ont formé la base émotionnelle d'une conception de la nature affirmée aussi bien dans la philosophie que dans l'art ; ils s'accusent plus encore si l'on porte son attention sur les citations que la philosophie confucéenne fait des anciens livres recueillis ou commentés par elle. Le « Livre des Vers » surtout, dans les parties qui en subsistent, mêlées au texte du Ta-Hio, abonde de comparaisons ou d'images affirmant la profondeur avec laquelle les choses de la nature étaient entrevues et comprises. L'ancien livre dit : « l'oiseau jaune qui crie miên mân se tient à l'angle d'une colline » et le philosophe ajoute : « L'oiseau jaune sait le lieu où il doit se fixer. Se peut-il que l'homme soit moins intelligent qu'un oiseau[2] ? » Ailleurs, ce sont les bambous qui évoquent l'austérité et la dignité du prince ou le pêcher en fleur auquel le vieux poème compare la jeune fiancée se rendant à la

---

1. Meng-tseu, trad. Couvreur, p. 314.
2. *La Grande Étude*, trad. Couvreur, III, p. 8.

demeure de son époux. « Cette montagne escarpée qui est au midi, dit le Livre des Vers, a des rochers très élevés. Ainsi, vous Yin, ministre d'État, vous occupez un poste éminent et tout le peuple a les yeux levés sur vous[1]. » Ailleurs, l'Invariable Milieu dit : « L'épervier, dans son vol, s'élève jusqu'au ciel ; le poisson bondit au fond des abîmes. — Cela signifie, ajoute le commentaire du philosophe, que la loi naturelle se manifeste dans les régions les plus basses comme dans les plus élevées. La règle des actions du Sage se trouve, quant à ses premiers principes, dans le cœur des personnes les plus vulgaires. Ses limites extrêmes atteignent celles du ciel et de la terre[2]. »

Ces comparaisons constantes, ce lien toujours établi entre les phénomènes et la démonstration morale dont ils sont le prétexte, montrent bien l'universalité de la culture chinoise à ce point de vue. Ce n'est pas seulement par sentiment poétique que le philosophe va chercher dans les choses extérieures l'image dont il tirera, par la comparaison ou le commentaire, quelque idée philosophique, c'est surtout parce qu'il connaît l'âme du peuple auquel il s'adresse et qu'il sait pouvoir le toucher plus directement en apportant à l'appui du principe abstrait l'image gracieuse ou redoutable de la nature.

Parlant au sentiment là où le philosophe s'adresse à la raison, l'art continue ce commentaire que le sage a tout d'abord fixé. Comme lui, l'artiste ira chercher dans les apparences le secret éternel des choses ; comme lui il essayera d'évoquer la méditation de la sagesse par la vision d'un monde où les principes et les causes demeurent vivants. En dehors de ces livres où il fixe le calme travail de l'intelligence, K'ong-tseu, du reste, révèle encore combien cette particularité de la psychologie orientale s'exprimait en lui : l'histoire de sa vie dénonce les heures de découragement et de tristesse que masque le puissant optimisme de l'œuvre philosophique. On y voit alors combien le chant sacré de la nature y retentit dans des accents graves et profonds, tels que pouvait les saisir une pensée magnanime.

Sse-ma Ts'ien[3] raconte comment, après que K'ong-tseu eut quitté le pays de Lou, commença la période douloureuse de sa vie. Il y avait été ministre de la justice, puis conseiller du Prince, et le gouvernement de l'État était devenu si parfait que ses ennemis s'alarmèrent. Les gens du pays de Ts'i envoyèrent au Prince de Lou quatre-vingts belles femmes qui chantaient et dansaient en s'accompagnant d'une musique voluptueuse. Elles

---

1. *La Grande Étude*, trad. Couvreur, X, p. 19.
2. *Ibid.*, XII, p. 35.
3. Cf. Chavannes. *Mémoires Historiques de Sse-ma Ts'ien*. Tome V, p. 326 à 331, Paris, Leroux, 1905.

étaient montées sur trente quadriges attelés de chevaux superbes et furent exposées en dehors de la Porte Haute, au sud de la capitale. Le Prince négligea pour elles les devoirs de l'État. Lorsque K'ong-tseu vit que même les sacrifices essentiels étaient oubliés, il comprit qu'il était vaincu et qu'il devait partir. Sur la route de l'exil, il voulut se retourner, jeter un dernier regard vers la ville, mais il ne put le faire parce que la montagne Koei lui en masquait la vue. Il dit alors :

> « J'ai voulu regarder de loin la capitale de Lou,
> — Mais la montagne Koei me la cache ;
> Dans ma main, je n'ai pas de hache ;
> Que puis-je contre la montagne Koei ? »

Comme la montagne, ajoute le texte[1], les ennemis de K'ong-tseu s'étaient interposés entre lui et le Prince. Il n'avait pas eu assez de puissance pour les réduire ; il ne pouvait plus rien contre eux. Il eut alors la vision de ce que serait la fin de sa vie ; il l'exprima dans cette stance qu'il chanta à la première étape de l'exil :

> « Les bouches de ces femmes ont réussi à me chasser ;
> La visite de ces femmes est cause de mort et de ruine ;
> J'errerai donc de-ci de-là, et cela jusqu'à l'année de ma fin[2]. »

Alors le désenchantement vient jeter ses ombres sur l'esprit du vieillard. Mais c'est encore à des images vives et singulières de la nature qu'il empruntera l'expression de sa douleur personnelle. Lorsque, ayant quitté le pays de Wei, il se dirigeait vers le pays de Tsin, il fut arrêté par les eaux du Fleuve Jaune. Là, il apprit que le Prince de Tsin avait fait mettre à mort les deux sages qui gouvernaient son pays. « Qu'elle est belle, s'écria-t-il, cette onde dont l'étendue est immense ! Si moi, K'ieou, je ne traverse pas ce fleuve, c'est la Destinée qui l'aura voulu ! — Teou Ming-tou et Choen hoa étaient de sages grands officiers du royaume de Tsin. Tant que Tchao Kien-tse ne fut point parvenu à ses fins, il eut besoin de ces deux hommes pour pouvoir plus tard exercer le gouvernement ; mais ensuite, quand il fut parvenu à ses fins, il tua ces deux hommes et alors exerça le gouvernement. Moi, K'ieou, j'ai entendu dire ceci : quand on fend les matrices pleines pour tuer les êtres prématurément, le k'i et le lin[3] ne viennent pas dans la banlieue ; lors-

---

1. Cf. Chavannes. *Mémoires Historiques*. Tome V, p. 330, note 2. Ce commentaire est cité dans le *K'ong tse tsi yen* de Sueu Sing-yen, chap. XII.
2. Chavannes. *Mémoires Historiques*. Tome V, p. 330.
3. « Le k'i et le lin sont le mâle et la femelle d'un quadrupède fantastique dont la venue est de bon augure. » Chavannes. *Mémoires Historiques de Sse-ma Ts'ien*. Tome V, p. 352, note 2.

qu'on dessèche les étangs pour prendre les poissons en les mettant à sec, le dragon kiao[1] ne maintient pas l'harmonie entre les principes yin et yang ; lorsqu'on renverse les nids pour briser les œufs, le fong et le hoang[2] n'arrivent pas en voltigeant. Qu'est-ce à dire ? C'est que le sage s'éloignera de celui qui fait du mal à ceux qui lui sont semblables ; en effet, si les oiseaux et les quadrupèdes eux-mêmes, en ce qui concerne ceux qui se conduisent contrairement à la justice, savent les éviter, à combien plus forte raison moi, K'ieou, devrai-je agir de même[3]. »

Ainsi se termine le dernier acte de cette grande vie : Le texte de Sse-ma Ts'ien, dans sa mesure et sa simplicité, lui prête un caractère grandiose ; l'amertume de l'œuvre inutile, le regret de l'effort brisé se sentent profondément à travers les nobles paroles du Sage annonçant sa mort.

« K'ong-tseu étant tombé malade, dit Sse-ma Ts'ien, Tse-kong demanda à le voir. En ce moment, K'ong-tseu, s'appuyant sur son bâton, allait et venait devant sa porte ; il lui dit : « O Se, pourquoi venez-vous si tard ? » K'ong-tseu chanta alors ceci en soupirant :

« Le T'ai chan va s'écrouler ;
La maîtresse poutre va s'affaisser ;
L'homme sage va se flétrir. »

« En même temps qu'il chantait cela, ses larmes coulaient. Il dit à Tse-kong : « Voici longtemps que le monde n'a plus de sagesse ; personne n'a
« été capable de me prendre pour maître. Les gens de l'époque des Hia
« déposaient le cercueil en haut de l'escalier de l'Est ; les gens de l'époque des
« Tcheou, en haut de l'escalier de l'Ouest ; les gens de l'époque des Yin
« le plaçaient entre les deux colonnes. La nuit dernière, j'ai rêvé que j'étais
« assis entre les deux colonnes, devant les offrandes qu'on fait à un mort.
« C'est sans doute parce que je suis un homme qui descend des Yin. »
Sept jours plus tard, il mourut[4]. »

Dans ces accents douloureux, dans ce renoncement désabusé se tait la grande voix du Maître qui, en un jour d'optimisme et de fierté, s'était écrié : « Si le matin, vous avez entendu la voix de la Raison céleste, le soir, vous pouvez mourir ! »

---

1. « Le dragon kiao assemble les nuages et fait tomber la pluie en mettant l'harmonie entre les deux principes fondamentaux de la nature. » *Id., ibid.*, note 2.
2. « Le fong et le hoang sont pour les oiseaux ce que le k'i et le lin sont pour les quadrupèdes. » *Id., ibid.*, note 3.
3. Cf. Chavannes. *Mémoires Historiques de Sse-ma Ts'ien*. Tome V, p. 352.
4. Cf. Chavannes. *Mémoires Historiques de Sse-ma Ts'ien*. Tome V, p. 423 à 425.

CHAPITRE II

LA PHILOSOPHIE CHINOISE AU TEMPS DES SONG

I

A l'ancienne époque durant laquelle la pensée chinoise se formule pour la première fois en systèmes philosophiques explicitement développés, succède une période où interviennent des efforts nouveaux. La dynastie des Tcheou avait présidé à la construction d'un état social ordonné suivant les principes classiques de sa période de fondation. Son respect de l'antiquité n'était pas de nature à favoriser l'extension d'un système de pure spéculation comme celui d'un Lao-tseu. Mais, les tendances comprimées durant cette longue période s'accusent avec vigueur au moment où, des ruines de l'empire unifié, surgissent les royaumes indépendants qui s'épuisent en luttes perpétuelles. Cette anarchie de l'État correspond à une libération de la pensée. La philosophie individualiste des écoles du sud s'oppose à la gravité, à la pondération confucéennes. Des sentiments nouveaux se font jour. Pendant que les anciens systèmes s'entremêlent, le Taoïsme, de moins en moins philosophique, de plus en plus mystique et religieux, voit s'accroître son influence. Sous la dynastie des Han, les Laoïstes dominent l'histoire de la pensée avec leurs recherches ardentes d'astronomie, d'astrologie, d'alchimie, à travers lesquelles ils poursuivent — comme dans notre moyen âge européen — la découverte de la pierre philosophale et de l'élixir d'immortalité. C'est le temps des magiciens, des sorciers et des ermites auxquels la vénération populaire attribue des pouvoirs mystérieux. La légende prend la place de l'histoire. Cependant, l'autorité de K'ong-tseu est toujours présente ; les livres classiques de la philosophie confucéenne demeurent au premier rang de la culture. C'est alors, qu'apparaît le développement prodigieux d'une nouvelle doctrine. Au delà des montagnes, une lumière singulière rayonne et la figure du Bouddha Çâkya-Mouni se dresse dans le ciel occidental. Propagée par des missionnaires au cœur ardent et plein de foi, infatigables, passionnés, la religion nouvelle s'avance triomphalement à la conquête de l'Asie. C'est ce qu'on a appelé le temps des Six Dynasties, l'âge d'or du rêve bouddhique en Chine. Il n'interrompt point, cependant, la continuité de l'évolution intellectuelle. Il la dévie à peine et s'y intègre plutôt en formulant sous des aspects nouveaux des aspirations qui dataient des premiers siècles de l'histoire. Il semble cependant qu'il ait épuisé, dans une dépense intellectuelle inouïe, les forces vives de ce peuple. La piété de la pensée bouddhique se double, sous les T'ang, de recherches élégantes, de raffinements subtils, de voluptés singulières, où, dans le dilettantisme des décadences, l'esprit se complaît aux artifices de la culture, à l'agréable caresse des visions de l'art ; non point à la construction de systèmes puissants pareils à ceux qui avaient si vigoureusement marqué la formation de l'esprit philosophique de l'Extrême-Orient.

C'est alors que s'ouvre l'ère des Song. Elle comporte ce double caractère de la renaissance philosophique et de la renaissance artistique. Tandis que, d'une part, la philosophie de la nature se fixe dans les systèmes nouveaux, d'autre part, l'art du paysage exprime des idées énormes, des sentiments grandioses ; il atteint alors un degré de plénitude qui n'avait jamais été conçu. Il devient le reflet direct de la philosophie générale ; il en est pour ainsi dire la traduction plastique. Et comme, malgré les influences bouddhiques qui s'y font sentir, l'essence même de sa pensée reste liée à la formule des anciens âges, nous devons, avant de définir les influences de la doctrine indienne, poursuivre ici dans son dernier épanouissement cette philosophie de la nature qui accompagne l'évolution de la pensée chinoise depuis les premiers temps où, dans l'obscurité des siècles fabuleux, elle a trouvé ses premières et puissantes formules.

II

Lorsque les philosophes de ce temps apparaissent sur la scène du monde, il est devenu impossible de rétablir ou de maintenir les anciens systèmes sous leurs formes antérieures. Ce n'est pas en vain que le Laoïsme s'est développé dans un sens religieux et mystique, ce n'est pas en vain que le grand fleuve de l'extase bouddhique a passé dans la ferveur et dans la majesté.

Tout a changé : les mœurs, les coutumes, l'organisation sociale et politique, jusqu'aux superstitions populaires. Dès lors les vieilles doctrines doivent être refondues et dans le néo-confucianisme auquel on s'attache, il est singulier de voir réapparaître justement ces aspirations lointaines et ces spéculations métaphysiques que K'ong-tseu avait systématiquement essayé d'écarter des voies de l'intelligence. Les philosophes du temps des Song raisonnent sur cette cosmogonie primitive qui avait placé à l'origine des choses le dédoublement du principe absolu : la dualité du Yin et du Yang. Ils vont rechercher dans les singularités du Yi-King des éléments que, sous des influences laoïstes et même bouddhiques, ils transforment en un effort nouveau.

Les symboles du vieux livre sont considérés comme exprimant un système du monde que des gloses savantes s'attachent à dégager. Alors se constitue une école philosophique dont Tchou Hi devait formuler la somme. Son influence a été si grande qu'elle régit encore la pensée chinoise. Telle qu'elle nous apparaît dans l'œuvre de Tchou Hi, elle représente, dans une métaphysique décolorée et purement verbale l'aboutissement de ces idées cosmologiques que l'on trouve à la source des premières formules où s'essaya la pensée chinoise. C'est un commentaire trop précis qui, s'attachant à éclaircir, à composer en système, les anciennes tendances, leur enlève ce côté visionnaire et indéterminé des origines pour en dégager des principes abstraits et sans vie. On a perdu le contact de la nature, pour ne plus s'attacher qu'au texte des vieux livres ; on l'a torturé à plaisir jusqu'à faire jaillir de lui un système que les philosophes de l'école de Tchou Hi pouvaient croire en parfait accord avec la doctrine confucéenne, mais qui, en réalité, la corrompt et l'obscurcit en y mêlant des idées étrangères et des influences dont on n'avait point la juste conscience.

La base du système réside encore dans la conception primitive qui opposait les deux principes positif et négatif et faisait naître de leur interaction les éléments mêmes du monde. Mais, là où la pensée antique gardait ce flottement et cette imprécision qui lui donnent sa poésie géante, là où elle se refusait à emprisonner dans des mots trop rebelles et dans des principes trop précis l'énormité des phénomènes entrevus, les philosophes de l'époque des Song ont voulu tout déterminer. Alors que les ancêtres suggèrent, les descendants veulent définir. Chaque phrase, chaque mot, se trouve soumis à une analyse étroite et sèche. La précision ainsi acquise est trompeuse. On joue sur les mots, on compose une hiérarchie systématique dont la netteté et le cadre inflexible donnent l'illusion de la clarté. Cette dépense intellectuelle, qui fut grande, aboutit à un résultat mort. La spéculation de l'esprit est enchaînée dans ces conceptions pédantes ; l'œuvre de Tchou Hi n'est pas un point de départ, mais un point d'arrivée : c'est une stèle funéraire qui se dresse sur un sol stérilisé.

Cependant, cet effort ne s'exerce point en dehors des directions indiquées par la philosophie antérieure ; en essayant de compléter la pensée des vieux sages et de donner une forme définie à des idées au contour indécis, les philosophes du temps des Song n'ont point défiguré la conception originelle d'un monde régi par des principes impersonnels et géants. Malgré leur glose abstruse, leur pédanterie, une grande chose a survécu : c'est cette vision calme et profonde de la structure de l'Univers que les vieux maîtres avaient su exprimer. Il est inutile d'entrer ici dans le détail des doctrines, qui ont arrêté l'élan philosophique de la Chine à partir du XIIe siècle. Mais, sans insister sur une classification trop précise, on peut en retenir le caractère général.

Elle constitue, sur les mêmes bases que par le passé, le système du monde si magnifiquement ébauché par les anciens philosophes ; le mouvement des premiers principes détermine l'évolution de l'univers ; il devient la cause des agrégations et des mélanges dans lesquels, en des proportions diverses, interviennent les cinq éléments. Ces réunions, ces mélanges, ces agrégats des premiers principes, répondent du reste aussi bien au domaine matériel qu'au domaine psychique. L'ancien savoir qui affirme l'union du Ciel, de la Terre et de l'Homme et qui, de leur relation, fait découler jusqu'à la loi morale, n'est pas resté seulement une formule littéraire, mais une réalité. A travers les aspects divers du monde, il réalise une unité où se confondent la matière et l'esprit. De même que les mélanges et les agrégations élémentaires composent les corps, ils composent aussi les âmes et la série de ces dépendances explique le Destin. Les êtres et les choses de l'univers se réunissent dans l'immensité de sa substance unique ; ils en sont l'expression fragmentaire et harmonieuse : le domaine transitoire des apparences traduit ce mouvement prodigieux où s'exprime l'évolution du monde.

Ces grands principes se sont desséchés dans la froide et méthodique exposition d'un Tchou Hi ; ils n'en gardent pas moins, pour celui qui s'évade de ce cadre trop rigide, le reflet des grandes pensées de jadis. On aboutit ainsi à une doctrine que l'on peut qualifier de panthéiste, quoique ce mot de panthéisme, emprunté à nos philosophies occidentales, n'exprime qu'à demi l'essence de la doctrine chinoise. Celle-ci, en effet, considère avant tout l'élément absolu, l'illimité ou l'inconnaissable que l'homme peut soupçonner, que de longues méditations lui permettent parfois d'entrevoir, mais qui évoque des conceptions trop vastes, aux contours trop indistincts pour que les mots les plus subtils puissent les saisir. L'esprit philosophique de la Chine s'est élevé dès les origines à cette vue grandiose ; il a fait dériver de cette essence indéchiffrable la série des créations d'où surgissent les choses de la nature, les hommes et les dieux. Ceux-ci sont eux-mêmes des expressions transitoires du mouvement universel. Ils ne sont point des causes efficientes mais des génies dont le domaine est limité ; ils occupent une place fixée dans la hiérarchie des choses créées. Parler de panthéisme à propos d'une doctrine qui s'élève au-dessus de l'idée d'un dieu créateur, au-dessus même de toute idée de dieu, c'est la diminuer et l'obscurcir. La philosophie nouvelle des Song n'apporte point une formule que nous puissions enfermer dans nos conceptions occidentales, mais une théorie qui n'a été exprimée avec netteté qu'en Orient et par laquelle l'évolution de sa pensée tout entière a été gouvernée. Elle considère encore chacun des êtres du monde, chacune des apparences de la nature, chacun des hommes, des génies ou des dieux, comme une parcelle active du grand Tout. Elle considère la destinée de chacun de ces êtres comme enfermée dans le lacis des influences et des réalités du monde, dirigeant leur évolution particulière et les conduisant ainsi au but suprême devant lequel s'égalisent les apparences.

Si l'école philosophique des Song a desséché ces principes, leur a enlevé leur vie en les systématisant d'une façon étroite et stérile, on peut voir cependant ce que l'inspiration des vieux âges gardait de jeunesse et de puissance lorsqu'elle était soustraite à la pédanterie des philosophes et qu'elle était commentée par des esprits libres. C'est à cette tradition que s'informaient les artistes de ce temps ; et, plus que le philosophe enrégimenté dans les cadres d'une école, le peintre pouvait retrouver, dans la contemplation directe de la nature, son contenu métaphysique et subtil. Il n'avait point à se préoccuper d'accorder, au moyen de commentaires abstrus, la pensée de K'ong-tseu avec les vieilles idées laoïstes ou les efforts plus récents du Bouddhisme. Il se laissait aller à son élan poétique; il créait encore, là où les autres s'enfonçaient dans une répétition vieillotte, un radotage impuissant et stérile. Lorsque l'ivresse de la pensée faisait descendre le phénomène purement intellectuel dans le domaine du sentimental, le peintre allait vers l'immensité des choses avec une sorte de volupté. Il considérait, dans l'humilité d'une conception toute relative, où l'intelligence ne lui apparaissait point comme une supériorité, la série de ces rêves qui se poursuivent sous des formes multiples, qui font vivre l'arbre, le rocher, la terre et l'animal. Dans les mille caprices des nuées, sur la montagne harmonieuse, il découvrait l'histoire du monde, il devinait l'union des essences subtiles et, de ce même pinceau qui traçait les caractères par lesquels s'exprima la pensée des Sages, il fixait les images fugitives. Elles constituaient le commentaire passionné de ces choses géantes que l'esprit percevait dans la magie prodigieuse des apparences.

III

Ainsi, au moment même où l'art chinois atteignait sa période la plus brillante, se fixait le terme d'une longue évolution philosophique. Elle a son intérêt propre, car la civilisation orientale nous offre le seul exemple d'une philosophie d'origine aussi ancienne, d'évolution aussi harmonique, dans laquelle les superstitions des premiers âges et les théories religieuses, écartées dès le premier moment, n'ont pu fixer l'idée limitative de création personnelle et de dieu défini. Mais, au point de vue spécial qui nous occupe, ce caractère général prend un sens particulier. C'est à lui en effet que l'on doit la possibilité d'une philosophie de la nature imprégnant de ses principes l'esprit de l'artiste, c'est à lui aussi que l'on doit cette singularité, exceptionnelle dans l'histoire humaine, d'un art qui, avec ses voluptés et ses rêves, devient le commentaire direct d'une conception philosophique. Le sens de la nature ainsi défini prête à l'histoire intellectuelle de l'Extrême-Asie un aspect particulier. Il s'exprime dans les livres des vieilles périodes où la tradition recherche la parole des premiers sages. Il entre, déjà défini, conscient de lui-même, générateur d'images et de pensées pleines de noblesse, dans l'œuvre des premiers philosophes; le Laoïsme et le Confucianisme l'expriment; il poursuivra son évolution puissante jusqu'au moment où il atteindra son apogée dans l'art des Song. On voit aussi que, depuis le vi^e siècle avant J.-C. alors que K'ong-tseu formulait un système politique et moral dont le but était de restreindre le domaine du sentiment, malgré la discipline énergique qu'essayait de lui imposer le sage, le sentiment, plus puissant que la pensée, s'éveillait et envahissait peu à peu les anciens systèmes. Entre le Confucianisme des Song, mêlé d'idées prises au Yi-King, au Laoïsme, au Bouddhisme, et la doctrine des disciples directs du maître, il y a un abîme. Celle-ci s'est de plus en plus noyée dans la spéculation laoïste; si elle a gardé, à travers les siècles, la puissance morale et politique qui lui a permis de régler l'administration de l'Empire, d'assurer la cohésion de sa structure sociale, elle s'est trouvée incapable de satisfaire les aspirations de l'intelligence. Malgré le dédain systématique du philosophe, les hommes n'ont pu renoncer à méditer sur les phénomènes, à y deviner des lois, à y entrevoir le rythme magnifique et formidable qui règle l'écoulement des choses. Dans ce sentiment réel et profond, le Bouddhisme a joué un rôle; il nous reste à voir maintenant quelle a été la nature de son apport.

CHAPITRE III

LE BOUDDHISME

Les pages qui précèdent suffiront, sans doute, à montrer que la conception de la nature propre à l'Extrême-Orient était non seulement contenue en germe, mais encore exprimée tout entière dans des vues philosophiques antérieures à la prédication et au développement du Bouddhisme en Chine. Celui-ci rencontrait le sentiment de la nature et de la vie universelle, une idée de la destinée des êtres, de la relativité dans laquelle l'homme est enfermé, de l'immensité des causes et des effets qui s'enchevêtrent. C'était là une préparation singulière au développement des choses qu'il apportait avec lui. A une conception de la nature vue dans son sens intellectuel et cultivée du point de vue philosophique, il allait ajouter une conception toute sentimentale, à laquelle l'ardeur de la foi, avec son cortège d'idées mystiques et de rêveries éperdues donnait un sens nouveau. Il s'agit maintenant d'en caractériser les termes essentiels.

I

Avant le développement du Bouddhisme chinois, l'évolution des systèmes philosophiques s'était accomplie dans une voie purement intellectuelle. Lorsque K'ong-tseu, acceptant certaines des idées de la cosmogonie primitive, fixe les rapports du Ciel et de l'homme, comme il fixe ceux des hommes entre eux et du souverain avec ses peuples, son système n'est religieux que dans le sens d'une doctrine commune, imposée aux hommes et qui les relie tous dans un ensemble de principes et de croyances universellement accepté. Sa pensée vigoureuse enferme l'homme dans le lien puissant des rites. Vis-à-vis du Ciel, renfermant ce peu de surnaturel admis par le sage, l'observance des rites délie de toute obligation. Dans les rites qui, ensuite, doivent régler les relations des hommes, K'ong-tseu essaie de limiter l'individuel, et par la discipline uniforme réalisée dans l'éducation morale comme dans l'acte extérieur, il aboutit à la création d'un être socialisé, chez lequel les impulsions et les violences du caractère sont enfermées dans la prison rigide du rite. Cet aspect extérieur de sa philosophie politique retentit aussi sur le sentiment. Réglé, discipliné par son système essentiellement positif, il n'a point à s'exercer dans les rêveries indistinctes que suscite la méditation philosophique ou religieuse. Mais, dans cet effort puissant vers la constitution définitive d'une cohésion sociale rendue parfaite par le façonnage des individus, le Confucianisme devait échouer en partie.

Le Laoïsme d'autre part avait entraîné toutes les impulsions sentimentales de l'être dans une voie purement intellectuelle. Dans sa vaste conception du monde, dans sa contemplation sublime de l'immensité, il trouvait ces voluptés et ces extases que devait satisfaire plus tard le rêve mystique. Cependant, sous cette forme, il ne pouvait suffire qu'à des intelligences exceptionnelles. Plus malléable que le Confucianisme à cause de cet élément indistinct et brumeux dans lequel il s'était complu, le Laoïsme, en se répandant dans des milieux de plus en plus étendus, devait recueillir les croyances populaires, les idées religieuses éparses dans des systèmes divers, et, de mille petites croyances, impulsives encore et non codifiées, il aboutissait, après les avoir recueillies, à la construction du Taoïsme plein de légendes, de rêves et de dieux dont l'organisation définitive devait s'établir en grande partie sous des influences bouddhiques.

Cependant, lorsque, au IVe siècle de notre ère, le Bouddhisme commença son prodigieux épanouissement dans le monde chinois, cette constitution du Taoïsme en religion populaire n'était point achevée, fixée d'une façon définitive dans une hiérarchie sacerdotale. L'Extrême-Orient n'avait point connu encore l'ébranlement profond du rêve mystique, le don absolu de soi-même, le renoncement de l'être entier devant la misère et devant la douleur. Il avait vu des sages se retirer dans la solitude des montagnes ; c'étaient des philosophes qui y cherchaient la dernière étape du savoir. Dans leur contemplation du monde en travail, ils poursuivaient ce sublime effort vers la compréhension de l'univers tenté par Lao-tseu. C'étaient des exemples propres à frapper l'esprit superstitieux de la foule, à y faire naître la légende des pouvoirs surnaturels du mage; ce n'était point l'exemple profond d'abnégation, de douceur et de charité que le Bouddha Çâkya-Mouni devait répandre sur le monde. La grande activité sentimentale de l'Orient, celle qui fournit des voluptés plus émouvantes que la culture raffinée des civilisations extrêmes; celle qui devait renouveler la pensée, conduire même les philosophes des Song à remanier les anciens systèmes, le Bouddhisme devait l'apporter.

Ces sentiments obscurs, ce mouvement impétueux qui s'exercent dans les multitudes humaines et que la pensée des premiers âges n'avait point satisfait, vont trouver leur issue dans la doctrine nouvelle. Le Bouddha n'apparaît point en Chine comme un nouveau dieu. Nous avons vu qu'à aucun instant de l'évolution antérieure, la pensée orientale n'avait éprouvé le besoin de caractériser, sous une forme personnelle et créatrice, les activités formidables qui sont à la source de l'Univers. Ce caractère essentiel demeure. Le sentiment de l'Infini, de l'Illimité, des Forces hors de toutes mesures humaines ne s'efface point; les dieux bouddhiques vont rester enfermés dans le domaine naturel. Plus puissants que l'homme, régnant à des étages supérieurs de la hiérarchie créée, ils sont eux-mêmes des personnifications transitoires, des aspects soudains du Principe immortel sans figure, sans attributs, sans grandeur et dont l'essence est tellement énorme qu'elle ne peut même être nommée.

Dans cet Univers défini par la séculaire conception des anciens sages, le Bouddha apparaît à l'Orient comme un homme seulement, mais un homme chez lequel toutes les facultés de l'humanité s'exaspèrent, qui recueille dans son cœur le sentiment des multitudes et l'universelle pitié; qui, dans son esprit, résume le rayonnement des pures intelligences : il possède les pouvoirs magiques et ignorés qui ont fait l'ambition des solitaires; il embrasse en un instant du temps les régions de l'homme avec celle des dieux. Il devient le sage par excellence, le modèle ascétique, le prédicateur patient et plein d'amour, le magicien tout-puissant, l'Être parfait qui, étant parvenu aux extrêmes limites de sa propre destinée, devient le maître universel des hommes, des génies et des dieux.

Ce n'est point l'idée, nouvelle pour lui, d'un dieu créateur et absolu que l'Orient rencontre dans le Bouddhisme. Il y trouve, au contraire, cette idée familière de l'homme parfait, qui, comme dit Tchou Hi, est parvenu à son propre faîte, à sa limite extrême et qui devient le modèle vivant et réalisé de ce que peut tout être créé. L'essence universelle qui anime le monde garde dans le Bouddhisme son impersonnalité comme sa grandeur. Certaines sectes même, en Chine comme au Japon, la définissent non point sous la forme d'une cause première agissante et consciente de soi, mais comme une essence spirituelle pénétrant la totalité des choses. Le fini du monde bouddhique se perd dans l'absolu vers lequel font retour les formes créées et c'est la limite suprême, le faîte du développement qu'elles peuvent atteindre. « Tous les êtres vivants, dit Tche-k'aï, jusqu'aux plus petits insectes, ont reçu une nature morale. Un Bouddha repose en eux. Il dépend d'eux de rester constamment attachés à cette entité qui les mène vers leur perfection et ils le peuvent, car le don de la raison se trouve distribué à travers le monde d'une manière égale. Il dépend d'eux de marcher à travers les écoulements du monde vers la connaissance de cette raison mystique et c'est justement pour répandre cette connaissance nécessaire que la prédication du Bouddha et de ses disciples s'est effectuée[1]. »

Le Bouddhisme ajoute les vues d'un sentiment profondément pitoyable aux anciennes doctrines chinoises relatives à la structure du monde. Le Laoïsme voyait, dans la multiplicité des apparences, les formes diverses et transitoires d'une âme universelle. Le Bouddhisme ajoute à cette vue philosophique de la nature le sens nouveau d'une charité qui se fond dans la totalité des êtres. Leur caractère moral est le même que celui de l'homme ; leur destinée est la même et dans l'immensité du monde d'illusions, chaque être cherche à accomplir le même destin — le retour à ce Nirvâna suprême, à cet état de Bouddha qui est dans le pouvoir de l'insecte le plus infime comme de l'homme le plus orgueilleux.

D'autre part, la conception du Bouddhisme relativement à la structure du monde prête à celui-ci cette vie magique et palpitante que l'art d'Extrême-Orient a su exprimer à un degré si profond. Nous l'avons vu déjà, le Laoïsme et le Confucianisme n'avaient point souffert de cette conception dualiste qui nous a fait séparer la matière et l'esprit et qui a tant pesé sur nos formules philosophiques. Les deux conceptions se pénètrent dans la psychologie asiatique ; elles correspondent à un seul ordre de pensées. Le Bouddhisme y ajoute cette vue de la loi qui n'accorde aucune réalité objective aux aspects divers du monde. La non-existence de la matière est l'un des trois principes qui dominent la doctrine et, d'après elle, la conviction de cette irréalité constitue le premier pas, et le plus important, sur le chemin

---

[1]. Cf. Edkins. *Chinese Buddhism*. Les six liaisons de Tche-k'aï. Trübner. Londres, 1893, p. 181-182. Tche-k'aï vivait à la fin du vi^e siècle.

de la lumière. Le monde n'est qu'une vaste illusion qui enferme l'âme dans la prison des sens. La magie de Mâyâ règle les apparences. Elles s'écoulent dans des changements perpétuels, dans un amoncellement de formes derrière lesquelles rien ne demeure. L'un des maîtres du Laoïsme, Tchouang-tseu, avait écrit dès le IVe siècle avant l'ère : « Un jour, moi, Tchouang-tseu, je rêvais que j'étais un papillon voltigeant çà et là — à tous égards un papillon. J'étais conscient seulement de suivre mes fantaisies en tant que papillon, inconscient de mon individualité en tant qu'homme. Tout à coup, je m'éveillai et je me dressai, de nouveau moi-même. Maintenant, je ne sais pas si j'étais alors un homme rêvant qu'il était un papillon, ou bien si je suis en ce moment un papillon rêvant qu'il est un homme. Entre l'homme et le papillon, il y a nécessairement une barrière. Cette transition, on l'appelle métempsychose[1] ». Ou encore : « Ceux qui rêvent d'un banquet s'éveillent dans les lamentations et la douleur ; ceux qui rêvent de lamentations et de douleur s'éveillent pour rejoindre une chasse. Pendant qu'ils rêvent, ils ne savent pas qu'ils rêvent. Certains peuvent même expliquer le vrai songe qu'ils sont en train de rêver ; et seulement lorsqu'ils s'éveillent, ils savent que ce n'était qu'un songe. Peu à peu, vient le Grand Réveil et alors, nous nous apercevons que la vie n'était, en réalité, qu'un long rêve. Certains fous pensent qu'ils sont éveillés en ce moment et se flattent de savoir s'ils sont vraiment princes ou paysans. Confucius et vous êtes tous deux des songes ; et moi, qui vous dis que vous êtes des songes, je suis moi-même un songe. Ceci est un paradoxe ? Demain, un sage viendra qui expliquera cela ; mais ce demain ne se lèvera pas avant que dix mille générations d'hommes aient passé, puis disparu[2]. »

Cependant le Sage est venu plus vite que ne le croyait Tchouang-tseu. L'élan poétique du philosophe, son scepticisme désabusé devant les mystères géants du monde et de la conscience devaient devenir un sentiment singulièrement agissant et profond lorsque la toute-puissance de la Foi allait s'emparer de lui. Quand la doctrine indienne apporta sa théorie d'un monde illusoire et des âmes enfermées par la métempsychose dans le cycle sans fin de la vie, elle rencontrait en Chine une conception philosophique qui la justifiait et qui avait préparé son universelle acceptation.

Derrière les changements perpétuels du monde, le Bouddhisme aperce-

---

1. Chuang Tzŭ. *Mystic, Moralist and social Reformer*. Translated from the Chinese by Giles, Londres, 1889, p. 32.
2. Chuang Tzŭ, trad. Giles, p. 30.

vait, en effet, les prisons multiples dans lesquelles se trouvait enfermée la pure essence que tout être porte en soi. Les Voies de la vie étaient au nombre de six : d'abord celle des Dêvas, ou des Dieux ; ensuite celle des hommes ; ensuite celle des Asuras ou des monstres ; ensuite celle des enfers ; puis le monde des fantômes ou des spectres faméliques ; enfin, le monde de l'animal. Tous les êtres, vertueux ou vicieux, continuaient à renaître dans l'un de ces six mondes. Seule la prédication du Bouddha leur assurait la libération. Le Maître souverain disait : « Sortir des trois états du mal est difficile ; lorsque l'état d'homme a été atteint, sortir du sexe féminin et renaître dans le sexe mâle est difficile. Avoir les sens, l'esprit et le corps sains est difficile. » Et il ajoutait : « Rencontrer un Bouddha et être instruit par lui, naître sous le règne d'un bon roi, naître dans la famille d'un Bodhisattva, croire avec le cœur dans les trois Unités saintes, tout cela est difficile. »

Dès lors on voit apparaître la source d'un des caractères les plus essentiels et les plus généraux du Bouddhisme : une familiarité avec les choses de la nature qu'aucune autre croyance n'a comportée. L'homme n'est point dans le monde naturel cette exception qui domine, devant laquelle toutes les forces de l'univers se soumettent ; les dieux même ne sont point des puissances supérieures dont l'action est incompréhensible. Baigné dans la mer d'illusions, l'homme lutte par la Foi contre les embûches qui le rejettent dans le cycle du mal. Il expiera en des périodes millénaires d'incarnations inférieures la faute et le péché ; il peut rencontrer à chaque pas, il rencontre en effet, quelqu'âme misérable que le désir impur a conduite dans le corps de l'insecte ou de l'animal et qui accomplit péniblement son destin douloureux, en marche, comme tout ce qui vit, vers le rachat suprême. Vis-à-vis des dieux, l'homme se trouve devant des formes qui ne lui sont point étrangères. Il peut approcher par la contemplation et par l'extase du paradis des dêvas ; certains saints, certains sages ont atteint à un état de puissance analogue à celui des dieux. Ceux-ci sont transitoires ; leur action est limitée ; ils sont eux-mêmes des disciples du Bouddha ; soumis à sa parole, comme lui et à sa suite, ils recherchent cet état souverain de quiétude absolue qui affranchit des misères et des souffrances de la vie. Quant au Bouddha lui-même, il est de naissance terrestre, il rachète ses péchés comme les autres hommes par la pénitence, le sacrifice et l'enseignement de la Voie Lumineuse. Nulle part il n'est dit qu'il ait créé le monde ou qu'il soit destiné à juger les hommes. Il est celui qui apporte la parole de vérité ; par son savoir suprême il traverse le monde de l'illusion et atteint graduellement au Nirvâna. Il n'a point d'autre but dans sa prédication et dans son effort que d'arracher les êtres à la misère de la vie.

Une immense pitié descend alors sur le monde. Elle rayonne de cette figure admirable, elle pénètre jusqu'à l'être le plus infime. Elle s'étend sur la totalité des choses ; le sentiment de charité qui surgit d'elle entraîne à l'abnégation totale, et la foi bouddhique noie dans l'amour universel les facultés de l'intelligence comme celles du cœur. La pitié pour la souffrance, le devoir de sauver du mal et de la douleur les êtres misérables, l'obligation morale d'agir dans les voies souveraines du Bouddha, tout cela n'est point une nécessité dogmatique, imposée par une règle absolue et qui exige l'obéissance ; c'est le sentiment directement surgi, sincère, profond, qui s'exerce sans sanction d'aucune sorte et qui trouve son énergie prodigieuse dans les extases de la Foi.

De même que la philosophie antérieure de la Chine n'a pas éprouvé le besoin de personnifier une puissance créatrice et s'est bornée à la formule puissante qu'avait fixée Lao-tseu, de même le Bouddhisme n'essaye point de déterminer sous des formes matérielles et anthropomorphiques l'origine des univers. Il accepte la grande pensée orientale d'une source obscure, incompréhensible, spontanée. Il voit un monde formé d'éléments impersonnels et inconscients, tels que la métaphysique les avait définis ; il poursuit la conception chinoise d'un destin formidable et géant, qui domine le monde et qui marque avec une implacable impartialité l'écoulement d'un perpétuel devenir. Il y a une grandeur prodigieuse dans cette conception que la Chine sut exprimer d'une manière si énergique, avant même la constitution des systèmes laoïstes et confucianistes. C'est à cette sublimité de la pensée que l'Extrême-Orient doit avant tout cette compréhension de la nature, cette familiarité avec le monde extérieur, qui devait donner à toutes ses expressions, poétiques ou picturales, un sens émouvant et profond. La doctrine indienne n'apportait à cette pensée sublime aucun changement essentiel. Elle en possédait le principe, elle en recueillait l'essence dans la métaphysique indienne elle-même ; mais elle y ajoutait quelque chose qui devait ébranler profondément le cœur de l'homme, même du Chinois façonné par le Confucianisme, conscient de son rôle secondaire dans l'immensité des choses, parce que, en constatant comme lui la puissance fatale du destin, en ne reculant pas devant la vision du mal épars sur le monde, elle identifiait la souffrance et le péché, elle pardonnait la faute à cause de la douleur qu'elle exprime et, surtout, elle offrait à tous ceux auxquels le courage moral n'était point donné par une culture exceptionnelle, la pensée bienfaisante du repos. L'espoir du Nirvâna, de l'inconscience enfin conquise par l'absorption dans l'immensité suprême, la vision de la paix éternelle affranchissaient l'homme des misères de la vie, et, avec lui, tous les êtres dont l'existence s'écoule dans les heurts formidables et douloureux du monde naturel.

II

La conception positive des forces qui dominent l'homme, le placent à son rang dans l'image qu'il conçoit du monde. Ce fut l'œuvre de la philosophie prébouddhique en Chine. Ce qui fut l'œuvre propre du Bouddhisme, c'est l'amour de l'être vivant et des choses de la nature ; j'entends l'amour sous sa forme impulsive et sentimentale, non point cette complaisance toute intellectuelle des anciens maîtres chinois.

« Le Prince (Wen-Wang), dit l'antique livre des vers, dans le parc des Esprits regardait les cerfs et les biches se reposant sur l'herbe, les cerfs et les biches luisants de graisse, et les oiseaux d'une blancheur éclatante. Le Prince, au bord du bassin des Esprits, considérait les nombreux poissons prenant leurs ébats[1]. »

Ici l'on trouve cet amour des choses de la nature que la tradition chinoise marque dès ses origines. Expliqué par l'essence universelle et omniprésente du Tao dans le Laoïsme, expliqué par le devoir moral chez K'ong-tseu et Meng-tseu, il ne prend point le sens profond que lui donne le Bouddhisme avec sa conception de la souffrance et son culte de la pitié. Dans le monde, envahi par la force indomptable du destin, la bonté soulage les misères de ce qui vit, la cruauté ajoute au malheur universel. La doctrine de la métempsycose vient confirmer encore ce sentiment nouveau. Il n'est plus enfermé dans la culture intellectuelle du Laoïsme ni dans la culture morale du Confucianisme ; il dépend des élans mystiques de la Foi. Le fidèle bouddhiste évite de tuer même un insecte, de peur d'infliger une peine à quelque pauvre âme poursuivant sa destinée malheureuse dans les mondes inférieurs. Le *fang-cheng*, le « sauver la vie » devient un principe d'application constante chez le fidèle et chez le moine. Il s'abstient

---

[1]. Meng-tseu. Trad. Couvreur, pp. 301-302.

de chair pour ne point contribuer à la souffrance universelle et si, comme dans le parc du roi Wen-Wang ou dans ceux des empereurs, des animaux familiers vivent dans les jardins des temples, ce n'est pas pour donner un but à une contemplation philosophique, voluptueuse et raffinée des choses de la nature, c'est, au contraire, l'expression objective d'un acte de foi. Proche des monastères, on trouve des étangs construits par les moines où des poissons, des anguilles, des tortues, de petits mollusques, apportés par les adorateurs du Bouddha, sont placés afin de les préserver de la mort. Des chèvres, des daims, des buffles errent dans les parcs sacrés, et c'est une coutume assez générale dans les couvents que de sanctifier le premier repas du jour en jetant sur le seuil, avant que les moines n'aient mangé, quelques grains de riz dont se nourrissent les oiseaux familiers. Ainsi s'exerce la vénération de l'âme prisonnière, de l'âme malheureuse dont la valeur est égale à celle de l'homme, et dont le destin s'écoule dans le monde douloureux de l'Illusion vers l'oubli de la souffrance et l'extase suprême du Nirvâna.

Le contenu des anciennes philosophies s'est trouvé magnifié par une culture sentimentale qu'elles n'avaient pu provoquer. A la volupté de l'intelligence se complaisant dans sa propre nature, le Bouddhisme ajoute cette culture du cœur qui devient nécessaire à certaines périodes de l'histoire humaine et qui, dans notre Occident, a fait aussi la fortune du Christianisme. Mais la grande religion de l'Asie ne devait point obscurcir les conquêtes de la pensée ; elle pouvait seulement dévier certains de ses caractères, entraîner les âmes vers une compréhension plus émotionnelle du monde extérieur. Il est facile de se rendre compte maintenant de ce qu'elle possède en propre et de ce qu'elle doit aux anciens âges. Bien des principes du Laoïsme sont les siens ; en adoptant les dieux des religions populaires, en les faisant rentrer dans son panthéon, grouillant d'images nouvelles, le Bouddhisme a suivi une marche parallèle à l'évolution du Laoïsme devenant peu à peu une religion. Cela même prouve combien la philosophie de la nature que renferment ces deux doctrines était inhérente à l'Extrême-Asie. Elle lui appartenait en propre ; elle formait un des aspects particuliers de sa structure psychologique ; elle devait se retrouver dans toutes les manifestations de sa vie.

CHAPITRE IV

LA PHILOSOPHIE DE LA NATURE AU JAPON

Cependant, tout ce qui précède s'est à peu près exclusivement borné à établir ce que fut la philosophie de la nature dans l'évolution de la pensée chinoise. Si nous voulons pouvoir intégrer à cet aspect curieux de l'Orient l'art japonais comme l'art chinois, encore faut-il justifier ce point de vue par une esquisse rapide du rôle qu'ont joué dans ce pays les systèmes philosophiques ou religieux.

A cet égard — comme à bien d'autres — le Japon a dépendu de l'influence chinoise. Il doit au Laoïsme, au Confucianisme et au Bouddhisme la constitution de sa philosophie et de ses croyances. Mais, avant l'arrivée des systèmes chinois, il possédait une religion nationale. Nous ne la connaissons plus sous sa forme première ; cependant, malgré les infiltrations bouddhiques, elle peut nous montrer comment le Japon s'était constitué une représentation mentale du monde.

I

Sous sa forme ancienne, le Shinntô apparaît comme une religion primitive, toute proche encore des origines. Il garde la saveur de ces temps où l'âme humaine avait encore les candeurs de l'enfant. Il édifie dans les mythes sur lesquels reposent l'ensemble des conceptions sacrées, une explication du monde qui, elle aussi, revêt la forme d'une cosmogonie[1]. Elle garde, de ses sources lointaines, un caractère confus. Elle est portée à diviniser tout ce qui s'élève à un certain degré d'éminence ou de singularité. Les

---

1. Cf. M. Revon, *Le Shinntoïsme*. Paris, Leroux, 1907. — W.-G. Aston. *Shinto*, Londres, 1905.

explications mythiques s'attachent peu à peu à tout ce qui peut paraître mystérieux ou ignoré. Dans cette marche incertaine, les choses du monde matériel s'animent et elles s'animent au point de meubler le monde extérieur d'une infinité de dieux et de génies. Les phénomènes de la nature ont pris l'aspect d'une essence divine agissant dans le mystère épars des choses. Des idées primitives, un reste de vieux culte animiste, des habitudes d'esprit très anciennes et qui caractérisent les origines mêmes de la pensée humaine, se sont ainsi ordonnées peu à peu, d'une manière assez désordonnée, dans la cosmogonie légendaire du Kodjiki.

Ce n'est point ici le lieu de refaire ou de résumer les études qui ont restitué au vieux Shinntô son caractère réel. Les mythes cosmogoniques, par lesquels s'exprime le premier effort du Japon vers une compréhension de l'univers, comportent, avec un caractère général, des caractères particuliers. Parmi ceux-ci, il en est un surtout qui mérite de fixer notre attention : malgré la personnalité prêtée aux dieux derrière lesquels on retrouve, à peine masqués, les phénomènes naturels qui leur ont donné naissance, la conception du vieux Shinntô ne s'est jamais formulée de manière à limiter le caractère du divin et à le projeter dans un domaine spécial. Au contraire, son universalité s'est étendue sur toutes les formes possibles du monde ; il n'est pas un être ou une chose qui ne puisse prendre l'aspect de cette essence obscure et divine que le Japonais a exprimée par le mot Kami : « Le mot Kami, dit Hirata, s'applique en premier lieu à tous les dieux du ciel et de la terre qui sont mentionnés dans les anciens recueils, aussi bien qu'à leurs esprits, qui résident dans les temples où ils sont adorés. En outre, non seulement les êtres humains, mais aussi les oiseaux, les bêtes, les plantes et les arbres, les mers et les montagnes, et toutes les autres choses quelconques qui possèdent une puissance d'un caractère extraordinaire et éminent, ou qui méritent d'être révérées ou redoutées, sont appelées Kami. Par éminent, d'ailleurs, il ne faut pas entendre seulement l'être digne d'honneur, l'être bon ou distingué par ses hauts faits, mais ce mot s'applique aux Kami qui sont à craindre à cause de leur caractère mauvais ou de leur nature miraculeuse. Parmi les êtres humains qui sont en même temps des Kami, il faut ranger les divers empereurs, qui, dans le Manyôshiou et autres poésies anciennes, sont appelés les « dieux lointains », parce qu'ils sont très à l'écart des hommes ordinaires, ainsi que beaucoup d'autres hommes révérés comme Kami, les uns dans tout l'empire, les autres seulement dans une province, un district, un village ou une famille. Les Kami de l'âge des dieux étaient surtout des êtres humains, qui cependant ressemblaient à des dieux ; et c'est pourquoi nous donnons le nom d'âge des dieux à la période où ils existèrent. En dehors des êtres humains, le tonnerre est appelé *narou-kami*, « le dieu résonnant ». Le dragon, les *tenngou* et le renard sont également des Kami, car ce sont aussi des créatures éminemment miraculeuses et terribles. Dans le Nihonnghi et dans le Manyôshiou, le tigre et le loup sont appelés Kami. Izanaghi donna le nom de *Oh-kamou-dzou-mi-no-mikoto* au fruit du pêcher, et les joyaux qu'il portait à son cou furent appelés *Mikoura-tama-no-mikoto*. Dans le Djinndaï-no-maki et dans les Oh-haraï-no-kotaba, les rochers, les troncs d'arbres, les feuilles des plantes, et la suite sont considérés comme ayant eu, à l'âge des dieux, le don de la parole, et ces choses étaient encore des Kami. Dans bien des cas, ce terme a été appliqué aux mers et aux montagnes. On ne voulait pas désigner par là un esprit, mais ce titre était donné directement à telle mer ou à telle montagne : à la mer, en raison de sa profondeur et de la difficulté qu'on éprouvait à la traverser; à la montagne, en raison de son altitude[1]. »

On voit que le caractère du divin s'étend encore à l'ensemble des choses et que, malgré la personnification qui aboutit aux grands dieux des récits mythiques, il a gardé l'universalité primitive. Aussi l'âme japonaise devait-elle conserver à travers l'histoire ce sens d'une nature divine au sein de laquelle l'homme rentre dans sa proportion réelle, écrasé sous l'omniprésence du caractère divin. Les apparences ne sont pas le froid décor d'une matière inerte, elles sont l'essence même du divin. On se souvient de l'époque lointaine où « les rochers, les arbres et les pierres parlaient ». Ils sont bien près de prendre vie encore, et l'on peut comprendre maintenant le sens profond de ce vieil oracle d'un temple de Tadjima : « Lorsque le ciel est pur et que le vent murmure dans les sapins, c'est le cœur d'un dieu qui s'exprime[2]. »

II

Cet instinct profond de l'âme japonaise préparait la voie aux influences continentales qui, plus tard, s'exercèrent sur elle. Pris dans les milieux cul-

---

1. Cf. Revon. *Shinntoïsme*, p. 29, note 1. M. Revon ajoute : « Ce passage du Kodo-Taï-i nous donne la pensée des deux plus grands commentateurs du Shinntô, car Hirata l'a copié presque mot pour mot sur Motoori. »
2. Au Japon, dit un poète du VIIIe siècle, Hitomaro, l'homme n'a pas besoin de prier, le « sol même y est divin ».

tivés, chez les lettrés et chez les sages, il s'accorde avec la vision laoïste d'un univers où les apparences ne sont que l'expression prestigieuse de principes agissants. Pris dans la masse populaire, il ouvrait au Bouddhisme la route triomphale dans laquelle il s'est engagé. Avec la doctrine philosophique des vieux penseurs chinois, il s'élevait au niveau de la pure intelligence ; avec la prédication de la doctrine indienne, il se noyait dans le sentiment d'amour et d'universelle pitié. Dans l'un comme dans l'autre cas, il poursuivait son évolution naturelle ; il dépassait le stade des confusions primitives pour se formuler en pensées supérieures. Il demeurait si profond qu'il devait réagir à son tour sur les doctrines nouvelles et les modifier profondément au gré de son désir.

Si, dans la contemplation des apparences, l'homme devait voir ainsi la palpitation et la vie de ses dieux, comment n'aurait-il pas admis, dès le premier contact, la conception laoïste ou l'universel amour du Bouddha ? C'étaient là des idées ou des sentiments qui prolongeaient la tradition des origines ; ils ne la contredisaient en rien. Pendant que le Confucianisme apportait au Japon sa conception politique et morale, le Laoïsme y exerçait cette influence profonde qui décourage de l'action pour égarer l'homme dans la contemplation de la nature et de ses voluptés. Il y apportait aussi ce désir de la solitude, cette pratique de la retraite dans les splendeurs de la nature, cette absorption dans le grand Tout entrevu parfois, lors des rêves divinateurs. Le Bouddhisme, lui, opposait à cette égoïste intellectualité son sentiment de la pitié universelle, son action perpétuelle pour le rachat de la souffrance, de la misère et du péché ; son dédain de l'activité matérielle et sa compréhension du monde faite d'amour plus que d'intelligence. Développées sur la base que révèle le Shinntô, de semblables influences ne pouvaient que prolonger dans le sentiment de la nature ce que ce peuple tenait déjà de sa tradition. Aussi ne faut-il pas s'étonner si, tandis que sa poésie saisit, dans la magie du mot, la fragilité de l'instant qui passe et l'intensité prodigieuse de la vie, son art plastique a su évoquer tout le charme subtil des apparences, pénétrer l'âme fugitive de l'animal et de la plante et, parfois, avec ses plus beaux maîtres, s'élever à cette grandeur sans mesure, à cette image admirable et sublime que l'art chinois sut donner d'une nature dont il avait compris par le cœur comme par la pensée le sens universel.

CHAPITRE V

LA PHILOSOPHIE DE LA NATURE DANS LA POÉSIE

Les systèmes philosophiques de l'Orient ont préparé une compréhension de la nature toute particulière. Nous ne pouvons la saisir qu'à la condition de nous arracher à notre propre histoire. Tandis que la Grèce avait magnifié l'homme au point que l'art européen a recouvert de formes humaines, durant toute son évolution, les allégories les plus générales ; tandis que le Christianisme a opposé à une nature inférieure, travaillée de puissances démoniaques, l'homme créé à l'image de Dieu, l'Extrême-Orient, dès ses premiers pas dans l'activité spéculative, avait rencontré la nature éternelle dominant la totalité des êtres qui la composent, révélant, au delà des images et des formes, des principes incompréhensibles et plus grands que la pensée. Peut-être, si les doctrines des physiciens d'Ionie avaient envahi toute l'activité intellectuelle de la Grèce ; si elles avaient développé ce germe qu'elles portaient en elles d'un vitalisme universel, peut-être aurions-nous connu en Occident une toute autre évolution. Si le sentiment de la nature s'est produit relativement tard dans notre histoire, si sa pénétration dans le domaine des représentations plastiques est si récente, c'est que nous avons dû auparavant lutter contre des habitudes d'esprit, des influences, des traditions que la catholicité de la croyance religieuse avait produites. Il n'en a pas été de même en Orient. La conception que les philosophes s'étaient faite du monde, ouvrait l'esprit à des contemplations d'un tout autre ordre : le sentiment de la nature, en tant que puissance objective et dominatrice, était une conséquence directe des spéculations de la pensée.

I

Sans doute, l'interprétation du paysage dans l'art n'a pu être que le dernier terme d'une longue évolution. Mais, commencée dès l'aurore des temps historiques, cette évolution s'est trouvée beaucoup moins tardive dans l'Extrême-Asie. L'esprit était préparé à apercevoir le mouvement de la vie dans toute sa plénitude, à comprendre la destinée des êtres, ses voies distinctes, ses buts ignorés. Le monde battait d'une pulsation géante où chaque chose prenait son rang ; un souffle subtil animait la montagne formidable, comme la fleur la plus délicate ou l'insecte le plus chétif. Et l'homme n'était dans tout cela qu'une unité passagère, dont les destins demeuraient aussi douloureux, aussi touchants, aussi obscurs. Une perspective intellectuelle, noyant l'humanité dans l'immensité des choses, garantissait la pensée contre son propre orgueil. On devait aller dès lors vers l'image prodigieuse du monde comme vers la source éternelle des peines et des joies, de la volupté et de la mort. Un sens religieux pénétrait l'âme asiatique : il s'identifiait à ce principe qui était, à lui seul, la matière et l'esprit.

On objectera sans doute que des spéculations de cette nature peuvent avoir secondairement influencé l'évolution d'un art, mais qu'elles ne peuvent avoir directement et profondément inspiré ses œuvres. Ce qu'il y a d'impulsivité et d'émotion dans la création d'une œuvre d'art semble contredire l'intervention d'un contenu aussi purement intellectuel. Mais cette objection tombe si l'on tient compte des conditions particulières à l'art d'Extrême-Orient.

En Europe, la plupart des artistes, jusqu'à une période toute récente, n'ont guère été que des artisans. Ceux qui se sont élevés par l'étendue de la culture au rang du savant et du philosophe sont une exception, si bien que Léonard de Vinci, dont l'intellectualité rayonne à travers une grande œuvre scientifique comme à travers des figures inégalées et mystérieuses, Léonard dont on ne s'est expliqué ni le caprice ondoyant, ni l'intelligence universelle, a pu apparaître comme une monstruosité.

Il en a été bien autrement dans la civilisation orientale. Ce ne sont point des artisans instruits seulement de la technique de leur art, émotionnels et impulsifs, qui créent l'œuvre peinte, mais bien des philosophes et des lettrés. Ce sont des hommes d'État comme Sou Toung-p'o, qui laisse aussi une grande renommée de poète, de philosophe et d'artiste, des prêtres bouddhistes ou taoïtes, ou bien des philosophes qui mêlent ces deux doctrines. Kou K'ai-tche lègue à ses descendants le souvenir d'un génie universel, Wang Wei a laissé des témoignages écrits qui montrent l'étendue de sa culture et la finesse d'un esprit d'analyste ; on rencontre des peintres comme Tchao Yuan-tchang qui dirigea l'observatoire de l'État de Chou, fut un astronome en même temps qu'un peintre et dessina des cartes célestes ; ou Souen Tche-wei qui se mettait en état d'extase avant d'aborder la peinture de sujets taoïstes ou bouddhistes. D'autres occuperont des postes officiels comme Li Koung-lin, ou Mi Fei qui fut secrétaire du tribunal des rites, ou Tchao Meng fou, descendant des empereurs Song, qui fut un officier de haut rang, ou Li K'an qui fut président du ministère des affaires civiles. Il en est de même au Japon, où parmi bien d'autres, Shojo-Shokwado, par exemple, est en même temps que peintre et paysagiste, un théologien versé dans la science bouddhique et où le grand Sesshiu, qui était prêtre, passa les dernières années de sa vie dans la solitude, partageant les heures entre ses entreprises merveilleuses d'artiste et les abstractions religieuses les plus subtiles. Il n'est presque pas un nom de peintre oriental à côté duquel on ne pourrait mettre la mention : philosophe, poète, homme d'État, prêtre taoïste ou bouddhiste. Ce n'est point à travers une technique laborieusement apprise que l'artiste oriental a conquis sa culture ; le caractère spécial qui lie d'une façon si particulière la calligraphie et la peinture donne au lettré et au philosophe, comme moyen direct d'exprimer les sentiments obscurs que la contemplation des choses éveille en lui, l'art, directement accessible à un homme dont le procédé d'écriture a fait, dès son enfance, un dessinateur exercé.

Ces circonstances ont permis le contact immédiat entre la spéculation philosophique et l'art dans lequel elle se poursuivait. Celui-ci n'a guère été en Orient qu'un prolongement de celle-là. L'union était d'autant plus étroite qu'elle se constituait dans le même esprit, la volupté de la pensée se continuant dans l'évocation des formes ; c'est pourquoi les visions de la nature y prennent un caractère religieux et sacré. Mais il fallut plusieurs siècles d'histoire pour que la contemplation divinatrice du monde que Lao-tseu, 600 avant notre ère, fixait déjà comme le moyen même du philosophe, se traduisît avec aisance dans une œuvre plastique. L'esprit de l'homme marche par étapes vers les conquêtes définitives ; au point de vue qui nous occupe, l'Orient présente un caractère tout particulier. Tandis que, en Europe, la marche de l'évolution a été plutôt de l'étude des choses aux systèmes libérateurs et abstraits ; tandis que l'étude de la nature considérée d'un point de vue concret, patiemment poursuivie, nous a conduit par degrés à cet état de culture intellectuelle qui nous permet de voir un sentiment surgir d'un paysage et une personnalité active, dramatique et puissante s'exprimer dans la plante ou dans l'animal ; tandis que nous avons dû abandonner la connaissance que nous nous étions faite de nous-même pour aboutir à la connaissance du monde, l'Extrême-Orient, au contraire, n'a conçu la connaissance de soi qu'à travers la connaissance des choses. La marche qu'il a suivie est d'un caractère tout opposé. C'est dans l'Universel qu'il a pris conscience de l'Individuel ; de l'idée puissante par laquelle il saisit l'immensité du monde, il déduisit la multitude des apparences et l'écoulement des formes. Dès lors, sa philosophie de la nature préexiste à sa poésie et à sa plastique. Toutes les deux découleront de la première ; elles ne feront que transformer des conceptions trop géantes pour n'être point profondément émouvantes, par conséquent, pour ne point pénétrer dans le domaine du sentiment. Le philosophe lui-même se transformera en poète ou en peintre. La spéculation ne l'a point engagé dans une métaphysique où l'intelligence travaille à vide ; il garde toujours le contact de la nature et la vision de cette essence universelle qu'il a tenté de saisir. Impuissant à la définir par le raisonnement, il cherchera à le faire dans le rythme et dans la forme et, par les moyens nouveaux que l'art apporte aux mouvements profonds de l'esprit, il en donnera une approximation plus étroite sans jamais pouvoir échapper à l'éternelle illusion des choses dans lesquelles l'homme est enfermé.

II

La poésie orientale est étroitement liée à l'art plastique. Elle montre, en effet, dans quel esprit, avec quelle aisance les hommes ont pénétré, du point de vue de l'émotion, cette conception du monde que leur philosophie avait très anciennement fixée du point de vue intellectuel. Déjà, dans la première partie de cette étude, on a pu voir quelques exemples de la production poétique de la Chine primitive par quelques citations du Livre des Vers, par quelques vers de Lao-tseu ou quelqu'une de ces plaintes douloureuses que K'ong-tseu vieilli fit entendre avant de mourir. Mais il faut insister ici sur des éléments qui n'ont été qu'effleurés. Dans l'Extrême-Orient tout entier, la poésie marque la première étape vers l'expression plastique de la nature et, même, elle finit par acquérir un caractère tellement défini à ce point de vue qu'en Chine comme au Japon[1], ce sera une expression proverbiale que de définir la peinture comme un poème sans paroles, la poésie comme une peinture sans formes. Kouo Hi la donne comme une phrase répétée à plaisir par les anciens écrivains et, au dos d'une peinture qu'exécuta Mi Fei, on trouve un poème où cette conception se trouve exprimée encore : « Nous étions un groupe de lettrés errant sous la lune, le long des rives du lac ; nous avons tous décidé d'écrire quelques vers sur une rime donnée ; Mi Fei, seul, fit un poème sans paroles [2] ».

Déjà, dans quelques fragments empruntés au Livre des Vers, on a pu voir un sentiment juste et profond de la nature surgir des images et de la structure même du poème. Le rythme qui décrit le roi Wen-Wang se complaisant à la vue des animaux vivant librement dans son parc, dégage une habitude des choses toute particulière à l'esprit de l'Extrême-Orient. Ailleurs, on trouvera la vision, saisissante dans sa brièveté, d'une scène dans laquelle l'esprit de l'homme a fixé l'instant fugitif.

> « Bien qu'il se cache en s'embusquant au fond de l'eau,
> Même alors [le poisson] est vu parfaitement[3]. »

K'ong-tseu prend prétexte du poème pour lui donner un commentaire moral[4]. Mais, dégagés du symbole dont la nécessité de l'exposition philosophique les surcharge, combien ces vers, vieux de plus de deux mille ans, n'évoquent-ils pas avec une intensité prodigieuse ces peintures orientales où quelque carpe, pliée en une brusque torsion, disparaît à demi dans les mouvements violents et les profondeurs glauques de l'eau. Ce caractère de la poésie, qui n'est point descriptif, mais qui résume d'un trait l'essence même d'un paysage ou d'une scène naturelle, se trouve plus accentué encore au Japon qu'en Chine. Dans la vision littéraire, l'instant fugitif se fixe, ou bien un vaste paysage se trouve évoqué avec sa ligne grandiose et cette ampleur admirable que la peinture répète. « Une brumeuse aurore au milieu

---

1. Cf. A. Morrison. *Monthly-Review*. Septembre 1902.
2. Cf. H. Giles. *An Introduction to the History of Chinese Pictorial Art*. Kelley and Walsh. Shanghaï, 1905, pp. 115-116.
3. *L'Invariable Milieu*. § 3. La traduction latine du Père Couvreur donne une idée beaucoup plus nette de la vigueur du texte chinois : « *Immersus licet lateat (piscis), tamen valde emicat.* » Cf. les *Quatre Livres*. Trad. Couvreur, p. 65.
4. Pour la façon dont les commentaires défigurent les anciens poèmes dans un sens d'édification, voir : Giles. *A History of Chinese litterature*, Londres, 1901, première partie.

des îles vêtues de pin de la belle mer d'Akashi, chante Hitomaro, et, à travers le brouillard, une barque à la blanche voile flottant, à demi cachée. Telle est la scène qui toujours demeure dans mon cœur attentif. » Et la vision de l'esprit poétique évoque l'un de ces paysages noyés de vapeurs, où la masse compacte des arbres émerge parmi les déchirures du brouillard, où une barque se devine à peine, sur l'eau silencieuse. C'est encore le charme subtil, né d'une comparaison, dans laquelle l'équivoque elle-même est un moyen de suggestion plein de raffinement : « Que le héron se taise, on croira de la neige », dit Yamazaki Shôkan; Ransetsu : « Sur la route, des bandes de pèlerins; au ciel, des vols d'oies sauvages »; et Arikida Moritaké : « Des fleurs, pensé-je, retournant à leurs branches; non, des papillons. »

De semblables impressions jaillissent à tout moment de la poésie de l'Extrême-Orient; c'est son caractère particulier; il lui donne sa physionomie propre et aussi cet imprévu qui constitue pour nous son charme essentiel. Aussi n'est-il pas étonnant d'y voir figurer un système de comparaisons et d'allégories bien différent du nôtre. « On peut trouver étrange, dit un des plus brillants critiques japonais de ce temps, que la personnification soit rarement utilisée dans la poésie japonaise. Tandis que l'homme est souvent comparé à des choses inanimées, rarement ces choses se voient attribuer une sensibilité et un but humain. Par exemple, les beautés de la femme sont souvent comparées aux fleurs du cerisier, mais jamais ces dernières ne seront comparées aux premières. Tel est le caractère de notre littérature, et aussi de notre art[1]. » Et cette remarque suggère aussitôt la belle poésie d'Hitomaro sur la beauté d'une femme morte en pleine jeunesse : « Sur sa face étaient les teintes des bois d'automne. Avenantes étaient ses formes comme le bambou gracieux... elle ressemblait en vérité aux rosées du matin — ou aux brumes du soir. »

Ce sentiment direct et profond de la nature date des plus lointaines origines de la culture orientale. On en trouve l'expression dans les monuments les plus anciens. Sur les pierres gravées de la dynastie des Tcheou, que l'on attribue avec vraisemblance au règne de Tch'eng Wang (1115-1079 av. J.-C.) on trouve le récit d'une expédition de chasse marquant avec éloquence cette direction dans laquelle devait s'engager l'art de l'Extrême-Orient :

---

1. Sei-ichi Taki. *Characteristics of Japanese Painting*. Kokka, n° 183, p. 45-46, Tokyo, 1905.

« Nos chariots étaient solides et forts,
Nos attelages de chevaux bien accouplés,
Nos chariots étaient brillants et éclatants,
Nos chevaux, tous vigoureux et au poil luisant.

Les Illustres se distribuèrent en cercle pour la chasse;
Ils chassèrent jusqu'à ce qu'ils aient fermé l'anneau,
Les biches et les cerfs bondissaient en avant
Avec les Illustres les serrant de près.

Tirant nos arcs de corne polie
Fichant des flèches sur les cordes,
Nous les poussâmes vers les montagnes.
Les sabots des bêtes chassées résonnaient;
Elles s'assemblèrent en une masse compacte
Lorsque les chasseurs arrêtèrent leurs chevaux.
Les biches et les cerfs furent rapidement poussés
Jusqu'à ce qu'ils fussent arrivés au grand parc de chasse.
Nous nous élançâmes à travers la forêt,
Et à mesure que nous les découvrions, un par un,
Nous tirâmes avec nos flèches le sanglier sauvage et l'élan[1]. »

Il faut comparer ce récit grandiose dans sa précision et sa brutalité aux récits de chasse assyriens et égyptiens surchargés d'idées mystiques, coupés d'invocations, où la déesse Ishtar, le dieu Amon-Râ interviennent à tout propos, où le mystère déborde et cache les scènes réelles de la nature, pour voir toute la différence qui existe entre les activités des anciennes civilisations de l'Orient classique et celles de l'Extrême-Orient. Dès nos origines, les choses de l'au-delà sont venues se placer entre notre esprit, peuplé de chimères, et les réalités de la nature. Dans la culture chinoise, au contraire, on aperçoit un jugement ferme et tranquille, une perception exacte des activités du monde, une vision positive, une compréhension de l'univers tellement parfaites, que sa clairvoyance a dirigé durant des périodes séculaires l'évolution de l'esprit. A ce point de vue, la civilisation orientale a joui d'une unité que des esprits superficiels ont pris pour de l'immobilité, tant notre psychologie européenne est accoutumée à ne juger du changement que par les troubles et les révolutions profondes de l'esprit et des mœurs.

---

[1]. Bushell. *Chinese Art*. Londres, 1907, p. 34-35, t. I. L'ouvrage de M. Bushell a été traduit en français par M. d'Ardenne de Tizac et publié par la maison H. Laurens en 1910. Le traducteur a joint au texte des notes qui lui donnent la valeur d'une excellente édition revue et mise à jour. Dans l'une de ces notes, il signale, d'après Chavannes, que les épigraphistes chinois ne sont pas tous d'accord sur l'attribution des tambours de pierre à la dynastie des Tcheou. Certains les considèrent comme ayant été gravés par un roi de Ts'in, postérieur au roi Houei-wen, vers le IVe siècle av. J. C. (Cf. note 1, p. 31).

CHAPITRE VI

LA PHILOSOPHIE DE LA NATURE DANS LE SENTIMENT RELIGIEUX

Ce que dévoile ici la poésie de l'Extrême-Orient se trouve confirmé d'autre part. La Chine et le Japon ont connu comme l'Occident ce dégoût du monde, cet aveu d'impuissance devant les tumultes et les guerres qui donnèrent au monachisme sa raison d'être et son influence. Il fut un temps en Europe où tous ceux que blessait la barbarie environnante se réfugièrent dans le silence du cloître. Ils y trouvaient le repos, le calme, la rêverie possible et les longs silences qui accompagnent la méditation. Ce sentiment profondément humain se fit jour aussi dans l'histoire asiatique, mais sous un aspect bien différent du monachisme occidental. Tandis que les anachorètes des premiers siècles chrétiens ne trouvaient dans leur solitude qu'une nature ennemie, pleine de tentations, où s'évoquaient à chaque instant les images monstrueuses du péché, les ermites orientaux cherchaient dans les déserts montagneux ces apparences sublimes par lesquelles il leur semblait pouvoir saisir la Voie merveilleuse, le principe impersonnel et agissant qui se cachait derrière les mouvements du monde. C'est à la nature qu'ils allaient, à la nature pleine de charmes équivoques et subtils, accueillante et douce, où leur âme de philosophe, travaillée par le sens de l'universel, se noyait dans l'immensité.

I

Cette tendance de l'Orient est d'origine immémoriale. Déjà, aux temps de la dynastie des Tcheou, elle s'était concrétisée dans la secte fameuse du Sien-chou dont l'action sur l'art chinois et japonais a été si profonde qu'elle ne s'est jamais effacée. Les plus anciens témoignages relatifs à la secte apparaissent à la fin de la dynastie des Tcheou. C'était une époque de guerres et de dévastations ; les continuelles rivalités des princes qui commandaient aux divers royaumes chinois, créaient alors ce même état de désordre et d'instabilité qui, dans le haut moyen âge européen, donna un si grand développement au monachisme. On croyait alors que des êtres à demi fabuleux, les sien-jen, habitaient, vers l'Occident, une montagne ou une île lointaine où ils vivaient dans un état de perpétuelle jeunesse. On ne pouvait atteindre à ce pouvoir magique que par une initiation dont les règles étaient dures. L'initié devait s'abstenir de mets cuits, se nourrir seulement de fruits et de rosée. Abandonnant le monde et ses ambitions de gloire ou de richesse, il devait se réfugier dans les solitudes montagneuses ; là, une sévère discipline contemplative le mettait en contact étroit avec la nature. Une eau d'immortalité, des pilules préparées avec de l'or pur devaient lui donner la jeunesse éternelle et la puissance magique qui soumettait aux sien-jen les forces de l'univers. Mêlées aux doctrines de Lao-tseu et Tchouang-tseu, les rêves du Sien-chou constituèrent ce système philosophique et religieux que fut le Taoïsme. Il est aisé de voir combien ces doctrines, grossies par l'esprit populaire prompt à créer des légendes, devaient agir sur le sentiment général de la nature. Elle n'était point une ennemie, mais une révélatrice ; elle donnait aux hommes, assez nobles pour tout abandonner et pour venir se réfugier en elle, cette connaissance profonde des principes de l'immensité que Lao-tseu lui aussi, dans sa solitude légendaire, cherchait à saisir. Dès lors, ils abondent les lettrés, les philosophes, les peintres qui, s'écartant des tumultes du monde, vont chercher dans ces spectacles magiques le repos et l'oubli.)

Le Sien-chou n'exerça pas son influence en Chine seulement. De beaucoup antérieur au Bouddhisme, il suivit la fortune de la religion indienne lorsqu'elle passa l'océan, et tandis que celle-ci, arrivée au Japon, apprenait à ses nouveaux fidèles à représenter l'image sereine et tranquille des dieux noyés dans l'extase, le Sien-chou fournissait à l'art l'image de ses sien-jen vivant d'une vie parfois mystérieuse et puissante, parfois joviale et même satirique.

Si l'on tient compte de ces vieilles croyances, de ces conceptions si particulières à l'Orient et qui lui font juger le monde avec un amour dénué de crainte, une adoration intelligente et subtile, on comprend le sens profond du paysage, présent dès les origines et qui s'affirma dès les premières manifestations de l'art. Elles pénètrent le sentiment religieux lui-même et le rendent inséparable de l'émotion produite par les aspects mystérieux de la nature.

II

Lorsqu'on commença, en Chine, à construire des temples, on rechercha tout d'abord un site naturel dont la beauté fût en accord avec les idées que devait évoquer l'édifice religieux. C'est parmi des arbres, des parcs, des jardins fleuris que s'élèvent les constructions sacrées. Des collines leur font un cadre, des montagnes leur servent d'horizon et, bien souvent, la magie du lieu a été la raison même de l'initiative humaine. On pourra, parmi d'abondants exemples, s'en rapporter à celui de Tche-k'ai, l'un des grands fondateurs de monastères bouddhistes. On verra s'y dégager nettement l'influence du site naturel sur l'acte de l'homme.

Vers la fin du vi[e] siècle, Tche-k'ai, tel un adepte du Sien-chou, errait à la recherche d'un site montagneux et solitaire où il pût se livrer en paix à la méditation. Il s'éloigna dans la région où se dresse encore aujourd'hui le monastère de Kao-ming. La vallée où il se trouve est toujours d'un accès difficile, mais au temps de Tche-k'ai elle n'était pour ainsi dire jamais parcourue. L'espace laissé libre dans l'épaisseur de la forêt était occupé par des broussailles inextricables qui formaient le couvert favori des daims. Le bûcheron et le pâtre s'égaraient rarement dans ce lieu sauvage; une volonté divine y mena le saint homme. Un jour, sur une colline voisine, il expliquait à ses disciples le Tsing-ming-King (le Sûtra du Nom de Pureté) lorsqu'un tourbillon soudain s'éleva, et le vent, arrachant le livre des mains du prêtre, l'emporta en mugissant dans l'abîme. Celui-ci se jeta à sa poursuite. Lorsqu'il eut parcouru une distance d'un mille et demi, le vent cessa et le livre tomba sur le sol. A cette place, Tche-k'aï décida que s'élèverait un édifice dont la présence rappellerait le souvenir de ce moment où les puissances de l'Invisible s'étaient manifestées.

Après avoir pénétré assez profondément dans cette région montagneuse et désolée, Tche-k'ai parvint au singulier pont de roches où se trouve aujourd'hui le monastère de Fang-kouang. Le rugissement d'une cataracte, l'épaisseur compacte de la forêt sur les hauteurs environnantes, les deux torrents qui se mêlaient avant de former la chute d'eau, tout s'unissait pour donner à ce désert une grandeur sauvage qui frappa l'esprit du moine. Elle lui parut habitée par des êtres divins. C'est à eux que la tradition attribue encore l'aspect sublime du paysage ; elle assure que les Lohans, ces disciples du Bouddha dont la puissance et le savoir font des sortes de demi-dieux, résident dans ce cadre disproportionné à la nature humaine. Une légende s'est formée dans la foi populaire et l'on raconte que, quelquefois, un peu avant l'aurore, les moines, dormant à demi dans leurs cellules, entendent le chant des êtres sacrés. Un chœur de cinq cents voix s'élève dans le recueillement de l'heure. Les arbres frémissent, les vapeurs du matin se déchirent peu à peu et, dans la solitude, résonne une harmonie surnaturelle[1].

III

Ces conceptions mystiques de la nature ne sont pas restées l'apanage d'une époque lointaine de prédication. A ce moment même, elles n'étaient que la conséquence d'habitudes d'esprit fort anciennes. L'art des jardins, conçu par les moines bouddhistes qui l'ont répandu dans tout l'Orient, peut avoir un lien plus ou moins direct avec ces traditions de l'Inde attribuant aux demeures des anciens rois des parcs magnifiques que les épopées décrivent avec un sens voluptueux et lascif. Mais les anciens livres de la Chine parlent, de leur côté, et le fragment du Livre des Vers relatif au parc du roi Wen-Wang montre bien que la philosophie de la nature, en même temps qu'elle s'exprimait dans la rêverie prodigieuse d'un Lao-tseu, se réalisait d'autre part dans le caprice des hommes. Si l'art des jardins en Extrême-Orient doit à la doctrine bouddhique son sens profond de la vie des êtres et des choses, il doit à l'ancienne culture chinoise la vigueur de pensée qu'il attache aux apparences naturelles.

En effet, ce n'est pas dans une décoration florale — cherchée seulement pour sa valeur de ton — que s'exerce l'art du jardin aux anciennes époques. On prétend, au contraire, réaliser, au sein du paysage, le système philosophique entrevu dans la structure du monde. Dans le jardin chinois ou japonais, l'eau représente le principe humide, le principe féminin, le Yin des anciennes cosmogonies et du Laoïsme, et c'est pourquoi un jardin

---

[1]. Edkins. D'après le *T'ien-t'ai-shan-chi*. Cf. *Chinese Buddhism*, Trübner. Londres, 1893, p. 177 et 178.

sans eau est une œuvre d'art incomplète, si bien qu'au Japon, lorsque l'eau manquera, on essayera d'en créer l'illusion au moyen d'un sable très fin sur lequel glisse la lumière. Et c'est aussi parce que l'eau est le substratum du Yin, la forme du repos, que les grands dessinateurs de jardins préféreront, aux eaux vives, l'eau dormante que nul mouvement n'agite : elle réalise l'image de l'inertie et de la passivité.

Au-dessus des eaux se dressent ces pavillons isolés qui accueillent les méditations du sage. Il sait qu'au delà du ciel sensible dans l'atmosphère éparse, se cache le principe du feu qui représente le Yang et le mouvement du T'ai-Ki ou de l'Illimité. Il sait que le bois est le produit élémentaire du Yang et qu'il vient après le feu qui est son substratum ; il sait que la terre est l'élément matériel qui plane dans l'espace et que, dans ses entrailles, elle contient le métal, produit rudimentaire du Yin représenté par l'eau. Il déchiffre les apparences dans leurs relations métaphysiques et profondes ; et dans l'enchevêtrement des formes, il lit encore, parmi les pruniers en fleurs, l'opposition des deux principes ; dans le bambou qu'incline le vent, l'image de la sagesse, tandis qu'il découvre dans l'épidendrum l'image de la perfection, dans l'érable rouge le symbole de l'automne, et dans le cerisier fleuri, le signe du printemps.

Le paysage du jardin se compose comme cette nature géante vers laquelle se dirigeaient les contemplations philosophiques des anciens sages. Il renferme les apparences derrière lesquelles se cachent les principes réels du monde, les souffles subtils qui créent les formes et qui permettent aux clairvoyants de deviner la présence de l'essence inaccessible. Les ermites du Sien-chou n'ont pas, seuls, joui des sublimités de la nature ; les empereurs, les rois, les hommes d'État et les guerriers, dans les jardins que dessina la fantaisie savante du symbole, contemplaient, eux aussi, la philosophie du monde et prenaient à son contact le sens de l'Universel.

Le Bouddhisme modifia ces conceptions générales en y ajoutant, avec les ardeurs de la foi, les symboles mystiques et les images sacrées. Tandis que, pour le laoïste des anciennes cultures, l'eau dormante de l'étang représente le repos du T'ai-Ki et le Yin, pour le bouddhiste, elle est la représentation du monde impur, chargé des vases du péché. Les lotus qui naissent dans les eaux stagnantes sont l'image de l'âme qui se dresse au-dessus de la boue du monde, avec les pétales immaculés où se lit la pureté de la foi. « Ce monde, dit le Majjhima-Nikâya — (Recueil des moyens discours du Bouddha) —, est pareil à l'étang où s'épanouissent les fleurs du lotus, les unes bleues, les autres blanches ou roses. Parmi ces fleurs, on en voit qui s'élèvent au-dessus de l'eau, exposées aux ardeurs du soleil ; d'autres qui reposent à la surface, moitié humides et moitié desséchées. Mais il en est de bleues, de roses, de blanches, qui naissent dans l'eau et se développent dans l'eau, et ne dépassent jamais la surface de l'eau. Les corolles, les racines de ces lotus blancs, bleus, roses, sont si bien abreuvées que leur moindre parcelle jouit de l'humidité bienfaisante. Ainsi l'Arhat s'abreuve de la joie du Nirvâna. »

C'est cette nature vue sous l'angle de la foi mystique et d'un symbolisme occulte que les moines bouddhistes transportent au Japon. Le jardin abbatial de Tokwamanji est dessiné en souvenir de la légende qui rapporte que les pierres elles-mêmes s'inclinèrent pour saluer la doctrine du Bouddha, tandis qu'à Togo-iké, un jardin composé de pierres et de sables suggère l'approche de la mer sur le bord des dunes. Les images de la nature composées par l'homme expriment aussi des leçons morales et des idées abstraites comme la Chasteté, la Foi, la Piété, ou bien encore, elles reproduisent ces paysages lointains où vécut le Bouddha, ornés de bambous qui symbolisent la sagesse; elles marquent le recueillement profond des choses devant l'Amour et la Pitié. Le jardin laoïste évoque la montagne fabuleuse, l'île inconnue, l'île des bienheureux où vivent les sages. Dans le jardin bouddhique, on trouvera les cinq collines qui correspondent à de vieilles idées cosmogoniques, oubliées lorsque le canon s'est fixé ; le lac opposant à la terre l'eau calme du repos, et le grand pont à l'arche unique et presque ronde qui est le pont d'argent de la pure Foi et qui, dans la croyance mystique, conduit au Paradis d'Amida.

Cette même direction d'esprit se retrouve dans la décoration florale dont le Japon a fini par faire un art étrange, subtil, plein de raffinements et de charme. Il est né sur les autels bouddhistes où les prêtres dressaient devant le dieu des bouquets de fleurs qui faisaient participer l'être végétal au rayonnement d'amour jaillissant des images et de l'esprit du Maître. On y trouve cette composition à sept tiges qui évoque des symboles obscurs : elle exprime pour certains théologiens, l'ensemble des cinq éléments et des principes mâle et femelle. Lorsque, plus tard, la Chine des Song marque son influence grandiose sur l'art japonais, la composition florale épouse ses principes de rudesse et de sublimité. C'est la conscience d'une âme vivant dans le monde de la nature parallèlement à l'âme qui vit dans le monde de l'humanité¹. Mais le contenu philosophique et religieux survit à toutes les évolutions; on trouve encore, dans les préceptes des écoles les plus récentes, les traces des idées cosmogoniques jadis à la base des formes anciennes où la nature était comprise comme un voile d'apparences jeté sur des choses prestigieuses, comme une révélation de la destinée géante menant l'homme avec le monde dans une voie souveraine que l'intelligence pouvait à peine entrevoir. Ce but que la vieille philosophie chinoise avait tenté de définir par la raison pure avec Lao-tseu, un esprit de douceur et de pitié devait le définir pour l'Extrême-Orient tout entier lorsque le rayonnement du Bouddhisme se répandit à travers l'Asie ; il demeura enfermé dans la parole adorable du souverain Maître lorsqu'il s'écria : « En vérité, les plantes mêmes et les arbres, les rochers et les pierres, tout entrera dans le Nirvâna. »

1. Cf. Binyon. *Painting in the Far East*, Londres, Edward Arnold, 1908, p. 140-142.

CHAPITRE VII

ORIGINE ET CONSTITUTION DE L'ART DE L'EXTRÊME-ASIE

Par toutes les directions qu'expriment la philosophie et la religion, par le sentiment général de la nature ainsi déterminé, par tout cet ensemble traditionnel si puissamment fixé, à travers des formes diverses, dans une unité séculaire, on peut voir se définir maintenant les influences précises qui ont dirigé le développement de l'art d'Extrême-Orient. Il suffit de songer un instant à notre propre histoire pour voir combien nous devons sortir de nos habitudes d'esprit si nous voulons comprendre avec quelque exactitude et quelque objectivité l'art de la Chine et du Japon. Tandis que nos traditions se sont formées sur un ensemble qui comprend l'idée païenne de la Grèce et sa glorification de l'homme héroïsé, l'idée biblique transformée par l'interprétation postérieure du Christianisme et enfin, le Christianisme lui-même, l'Extrême-Asie, au contraire, a saisi dès les premières affirmations de sa pensée le sens illimité du monde. Elle n'a point connu de dieu personnel, de peuple prédestiné, d'incarnation divine, ni de héros au sens où le singulier mélange païen, biblique et chrétien a défini nos conceptions actuelles. Elle s'est égarée dès le début dans la nature souveraine, elle s'y est perdue, noyée en de puissantes méditations; c'est en elle qu'elle a cherché l'extase et la mysticité; c'est par elle qu'elle s'est créé même ses allégories. On en a tracé les conditions essentielles dans les pages qui précèdent; il reste à voir maintenant comment ces conditions sont entrées dans le domaine des arts plastiques et quelles influences elles y ont exercées.

I

On a des témoignages écrits qui font remonter bien loin l'origine de la peinture. En fait, l'écriture n'ayant été à ses débuts qu'une pictographie très évidente, on doit considérer que, pour l'Extrême-Orient, le développement du dessin et de la peinture date des origines mêmes de la calligraphie et qu'il s'est poursuivi, grâce aux conditions spéciales de l'histoire, sans solution de continuité, depuis cette origine fabuleuse jusqu'aux périodes historiques où nous pouvons en saisir les premiers monuments. On peut, sans quitter leur témoignage, toucher d'assez près aux formes primitives de la civilisation chinoise si l'on s'en rapporte à l'art du bronze ou à la sculpture sur pierre. On sera certainement mieux documenté plus tard, lorsque des recherches archéologiques auront pu remplacer le pillage éhonté des mercantis ou la dévastation imbécile des troupes coloniales. Cependant, même dans la pénurie actuelle des sources plastiques, il est possible de tracer dans ses grandes lignes l'évolution par laquelle s'est faite la pénétration de la philosophie naturelle dans l'art de l'Extrême-Asie. Cet essai, dont on ne peut se dissimuler ici la témérité, aura au moins cet avantage de déterminer d'une manière suffisamment précise ce qui s'était déjà réalisé en Chine lorsque le Bouddhisme pénétra dans l'empire en y apportant, avec des idées nouvelles, des formes d'art influencées par les arts grécisés ou romanisés de la Perse sassanide et de la Bactriane.

La forme traditionnelle et primitive de l'art chinois se trouve tout d'abord affirmée dans la décoration des bronzes. Il est difficile d'établir la critique des différentes pièces que l'on possède de manière à leur attribuer une date précise. Cependant, même s'ils sont postérieurs à la haute antiquité que désigne leur style, les vieux bronzes chinois conservent encore, d'une manière dont la fidélité est absolue, les dessins rituels tels qu'ils ont été établis dans les derniers temps de la dynastie des Chang, ou dans les premières années de la dynastie des Tcheou, c'est-à-dire au xiie siècle avant notre ère.

En dehors des fameux Koua — les signes mythiques de Fou-hi — auxquels on attribue comme signification la valeur symbolique du ciel, de l'eau, du feu, du tonnerre, du vent, des montagnes, des fleuves et de la terre, une catégorie de représentations plastiques d'un ordre très spécial s'est constituée dans la décoration des vieux bronzes. On y trouve la première représentation de la nature ; ou, plutôt, une première interprétation.

En effet, suivant cette règle qui dirigea l'évolution entière de l'art d'Extrême-Orient dès le début de son histoire, ce n'est point une imitation brutale des choses que les premiers artistes rechercheront. Dominés par la conception cosmologique marquée déjà dans les Koua, la figuration plastique arrête son choix à des formes très déterminées. Ce choix s'exerce sur des types peu nombreux, relatifs soit aux images du monde, soit à certains animaux choisis pour leur valeur symbolique. Les formes humaines, comme les formes animales, en sont exclues et la raison en est dans la philosophie qui dirige la pensée et qui cherche à exprimer dans le domaine de la plastique la structure d'un monde entrevu, où les forces agissantes dépassent les faibles proportions du réel. L'imagination populaire, sans doute, des débris de croyances fort anciennes et des légendes surnageant des temps barbares, viennent se mêler à cette cosmogonie primitive où s'exerçait la pensée des prédécesseurs de Lao-tseu. Elles leur donnent leur vêtement plastique et c'est pourquoi l'on voit apparaître, personnifiant les forces ignorées, l'être fantastique, le monstre, l'animal fabuleux dont le type demeurera à peu près inaltéré jusqu'aux époques récentes[1]. C'est le long (le dragon), le lin (la licorne), le fong (le phénix), le koueï (la tortue) et enfin le t'ao-t'ie (le glouton). Chacune de ces figures prend un sens symbolique. Le dragon est le symbole de l'Orient et du Printemps. Il soutient la voûte du ciel, distribue la pluie, régit les cours d'eau. La licorne symbolise les cinq éléments de la vieille cosmogonie chinoise : l'eau, le feu, le bois, le métal et la terre. Elle est l'emblème de la perfection ; la durée de sa vie est de mille ans. Si le phénix a une signification obscure, elle ne parvient pas à masquer son origine de symbole solaire. Il est l'emblème des impératrices ; la légende raconte que son apparition annonce la venue des hommes d'État vertueux. Mais il est aussi l'oiseau qui vit dans les paradis laoïstes ou dans l'île des Bienheureux. Comme les sages de ces régions fabuleuses, il ne connaît pas la mort. Enfin, la tortue est le symbole de l'étoile Yao-kouang, l'une des

---

1. Les récentes découvertes archéologiques font douter que tous ces types plastiques soient aussi anciens qu'on le supposait tout d'abord. Si leur invention est purement chinoise, sous leur forme actuelle ils ont été soit importés, soit influencés par des figurations étrangères. Il semble bien que ce soit le cas pour le phénix qui substitue un oiseau fabuleux, d'origine persane, à l'ancien type chinois du faisan. De même le type du dragon semble provenir de la Bactriane. Il faut noter, cependant, que, sur les anciens bronzes de la dynastie des Tcheou il se présente sous un aspect fort différent. Ce n'est pas un quadrupède au corps écailleux et à la tête fabuleuse, mais un véritable serpent à la tête de bélier ou de taureau qui paraît constituer le type primitif et purement chinois. On ne peut épuiser le sujet ni dans cette note, ni dans cet ouvrage ; le problème se pose à peine ; il demandera de fortes études et des rapprochements étendus avant d'être résolu.

étoiles de la Grande Ourse. Elle est l'emblème de la force qui régit la structure du monde. A ces quatre symboles, qui sont, pour ainsi dire, le commentaire figuré de la cosmogonie chinoise et de sa première philosophie de la nature, le t'ao-t'ie ajoute la brutalité de l'imagination populaire. D'après les anciens textes chinois, il a la tête et les membres d'un homme, un corps velu, une face hideuse, et, bien qu'il ne puisse pas voler, une paire d'ailes au-dessous des bras. Il est avare, pillard, vicieux, ivrogne et glouton. Ce démon de l'imagination populaire est entré dans la décoration des bronzes rituels ou des bronzes honorifiques des anciennes dynasties. La plupart du temps, on a conservé la tête seule, comme décor, et les divers éléments se sont pliés au caprice de l'artiste de manière à n'être plus qu'un ornement. Les yeux deviennent énormes, les sourcils et le nez ne sont presque plus que des lignes décoratives, parfois même la mâchoire inférieure disparaît et l'on ne trouve que les deux formidables canines de la mâchoire supérieure, descendant sur la panse du vase et terminant son ornementation. Parfois, enfin, la tête du t'ao-t'ie est répétée trois fois, formant la base à trois pieds du vase Yen dont les trois têtes supportent la panse. Terminées par un pied cylindrique, pareil à une trompe, elles prennent une vague allure de têtes d'éléphants[1]. Il faut ajouter enfin que la coutume d'adapter les bronzes rituels aux sacrifices auxquels ils étaient destinés, au ciel, au dieu des vents ou des montagnes, amenait à décorer ces vases d'un dessin plus ou moins conventionnel, de nuages, ou de profils de montagnes, ou d'éclairs systématisés en méandres réguliers. Cependant, le hi-tsouen ou vase de la victime recevait la forme de l'animal au sacrifice duquel il figurait. La représentation animale servait alors généralement de support au corps du vase dans lequel on recueillait le sang.

D'autre part, le t'ao-t'ie ne paraît pas avoir été seulement une figuration monstrueuse et inexpliquée. Le tigre semble, sinon en avoir déterminé la conception première, au moins l'avoir modifiée dans le sens de la philoso-

---

[1]. Le South Kensington Museum à Londres possède un vase tripode, du type Yen, attribué à la dynastie Chang (1766-1122 av. J.-C.), n° 1193-'90; et un vase du type Tsouen (n° 193-'76), qui portent tous deux l'effigie du T'ao-t'ie, ce dernier sur la panse, le premier au-dessus de chacun des pieds supportant la panse du vase. Le même Musée possède encore un vase à sacrifice modelé en forme de rhinocéros attribué à la dynastie des Tcheou (1122-255, av. J.-C., n° 206-'99), ainsi qu'un vase en forme de pigeon du type Kieou tch'ö tsouen attribué à la dynastie Han (202 av. J.-C., 220, ap. J.-C., n° 183-'99). Ces diverses pièces sont reproduites dans Bushell. L'Art Chinois, trad. d'Ardenne de Tizac. Laurens, Paris, 1910, fig. 45, 51, 56, 57. — Le Musée Guimet, à Paris (vitrine 26), possède quelques vases de ce type archaïque, entre autres un beau vase à anses, orné de deux têtes de dragons, daté de la dynastie Chang et un vase orné du T'ao-t'ie daté du règne Ngan-wang de la dynastie des Tcheou (400 av. J.-C.). Enfin le Musée Cernuschi possède quelques exemplaires du plus haut intérêt parmi lesquels un vase honorifique, où le corps du T'ao-t'ie représenté dans son ensemble soutient les anses du vase.

sophie cosmogonique de la Chine[1] ; en effet, la face horrible du tao-t'ie se confond, dans le commentaire symbolique avec celle du tigre considéré non point comme animal, mais comme la personnification des êtres qui vivent sur la terre ; il s'oppose ainsi au dragon personnifiant la vie des eaux et des nuages. La figure du monstre rentre donc dans le système qui commente le conflit cosmique des forces terrestres et célestes. Le lien établi entre ces deux formes opposées se trouve bien nettement marqué sur certains vases dont le style remonte à la dynastie Chang. Tandis que l'effigie du tao-t'ie figure sur la panse du vase, les anses sont faites de deux figures de dragons dont la bouche vomit des nuages aux courbes harmonieuses.

A côté de ces formes où le commentaire de la philosophie naturelle est bien apparent, on trouve, sur ces anciens monuments de l'art chinois, une série de décors géométriques qu'on a, en général, opposés aux figurations animales. Il peut être commode dans l'exposé d'un manuel de faire cette distinction. Cependant, on sait aujourd'hui, par l'étude des dessins décoratifs des peuples incultes, que l'ornement géométrique dérive la plupart du temps d'une synthèse des figures d'objets ou d'êtres vivants. Il en fut de même en Chine. Ces dessins géométriques, en effet, sont bien proches des profils de montagnes ou des nuages aux courbes capricieuses que l'on classe encore dans la catégorie des formes naturelles. Par leurs motifs simples et compliqués, symétriques ou dissymétriques, ils se rattachent presque toujours à ces méandres que les Chinois appellent *Lei-wén*, ou « festons en forme de tonnerre ». On peut en saisir un aspect plus proche de la figuration imitative, pour ainsi dire intermédiaire entre la forme naturelle et la forme schématique, dans ces représentations de nuages orageux d'où jaillissent des éclairs, sur les bas-reliefs de pierre de Wou Leang ts'eu, dans le Chantong[2]. Là encore on retrouve, non point l'imagination capricieuse et sans règle, mais bien le désir affirmé de commenter le système cosmologique placé par les philosophes à la base d'une conception compréhensive et profonde des forces de la nature.

Les anciens âges ont ainsi fixé les premiers efforts de la plastique dans un sens bien déterminé. Le caractère religieux des vases rituels, la parenté

---

1. Bushell. L'*Art Chinois*, trad. d'Ardenne de Tizac, p. 104.
2. Voyez Chavannes. *La Sculpture sur pierre au temps des deux dynasties Han*, Paris, Leroux, 1893, et *Mission archéologique en Chine*. Paris, 1910.

étroite de leur destination et du décor qui leur servait d'ornement expliquent assez le lien étroit existant entre une philosophie cosmologique qui constituait la religion même et les formules usitées par l'art primitif. Peu à peu, cependant, l'art se libère des servitudes trop étroites du rite. Une fois engagé dans cette voie, l'homme a trop à dire pour s'arrêter à des éléments restreints. Si grande aura été l'influence de la doctrine philosophique que les conceptions plastiques provoquées par elle demeureront à travers des siècles d'histoire. Mais la pensée ne peut rester enfermée dans ces limites. Elle s'échappe et s'exprime plus librement; de même, sur les vieilles cosmogonies se développent des systèmes philosophiques nouveaux. Ainsi se constituent les formes d'art où l'imagination devient plus active, la représentation plus libre. Nous allons en trouver des témoignages intéressants dans les œuvres sculptées de l'époque des Han.

II

L'ensemble de ces documents a été réuni récemment par M. Chavannes dans la publication relative à sa mission archéologique dans la Chine septentrionale [1]. Ils appartiennent en très grande partie aux provinces du Ho-nan et du Chan-tong. Aux documents rassemblés par lui-même, M. Chavannes a ajouté les estampages rapportés du Sseu-tch'ouan par la mission du commandant d'Ollone. Ces derniers représentent les premiers documents que l'on possède relativement à la sculpture sur pierre, dans la Chine du sud-ouest, aux premiers siècles de l'ère chrétienne. Ils sont, du reste, du même caractère et de la même technique que les documents du même ordre trouvés dans le Ho-nan et le Chan-tong.

Les scènes retracées dans ces anciens vestiges de la plastique chinoise se rapportent soit à des sujets mythiques, soit à des sujets légendaires. On y voit des divinités taoïstes, des animaux fabuleux, des scènes de guerre ou de chasse des défilés de peuples apportant le tribut. Les animaux représentés tels que le cheval, le chameau, l'éléphant, des oiseaux en plein vol,

---

1. Chavannes. *Mission archéologique dans la Chine septentrionale*, deux albums parus, Paris, Leroux, 1910. (Planches I à CIV). Les volumes de texte n'ayant pas encore été publiés, on pourra consulter à cet égard : — Chavannes. *Comptes rendus de l'Académie des Inscriptions et Belles-Lettres*, 1908, p. 187-203 ; idem, *Voyage archéologique dans la Mandchourie et la Chine septentrionale*. Extr. du *Bulletin du Comité de l'Asie Française*, Paris, 1908. — Idem. T'oung Pao, 1909, p. 536-547. — R. Petrucci. *Sur l'Archéologie de l'Extrême-Orient : les Documents de la Mission Chavannes*. *Revue de l'Université de Bruxelles*, avril-mai 1910.

sont dessinés avec un accent caractéristique et des tendances naturalistes fort évidentes. Autant qu'on en peut juger par les estampages, les figures paraissent moins nerveuses et moins souples dans le groupe le plus récent des bas-reliefs. On y découvre, parmi des scènes historiques de combats ou d'assassinats, des figurations mythiques comme celles de Fou-Hi et de Niu-koua, les fondateurs fabuleux de la civilisation chinoise. Leur buste d'homme se termine en queue de dragon ; ils tiennent l'équerre et le compas ; ils se dressent au milieu des nuages dont les replis se terminent en têtes d'oiseaux. Ailleurs, c'est la réception de l'empereur Mou-Wang par une divinité taoïste, la Royale Mère de l'Ouest, Si Wang Mou, ou bien encore le séjour aérien des divinités taoïstes, siégeant parmi des dragons et des nuages.

On voit s'affirmer ici l'influence de ces doctrines qui ont considéré dans la nature les formes d'un esprit subtil. Les images du dragon se mêlent à ces nuages capricieux, aux courbes harmonieuses, et qu'une tête d'oiseau vient animer tout à coup. C'est bien là le commentaire plastique d'une cosmologie mythique qui faisait du dragon le maître des eaux et des brumes, qui plaçait dans des séjours montagneux et inaccessibles les divinités fabuleuses, qui rêvait de l'arbre de longue-vie et des fruits d'immortalité. L'inspiration remonte à la même source que la décoration des vases rituels. Elle aboutit ici à un résultat moins schématique. Déjà dans la vigueur des attitudes, la grâce ou la nervosité du trait, le mouvement de l'animal, s'affirme un esprit d'observation qui entraîne à l'étude directe de la nature. Cependant, des procédés naïfs et inhabiles, des gaucheries singulières voisinent avec une ordonnance parfois fastueuse et raffinée. On ne peut considérer de semblables éléments comme le produit d'une période archaïque. Cette impression se trouve fortifiée encore lorsque l'on tient compte d'un monument nouveau, tout récemment fouillé et qu'un archéologue japonais, M. Sekino [1], a publié. Cet archéologue a vu, à peu de pas en avant des portes de la chapelle de Wou Leang ts'eu, à droite et à gauche, deux lions de pierre. Les jambes sont brisées ; les statues gisent au bas de leur piédestal. La photographie révèle ici une œuvre superbe, dont le caractère puissant et la grandeur dominent la technique parfois malhabile et grossière des bas-reliefs. Ceci montre que, lorsqu'on veut apprécier l'art de l'époque des Han, il ne faut pas accepter sans réserve les documents fournis, mais qu'il

---

1. Cf. Kokka, n°s 225, 227, 233. Tokyo, 1910.

convient de faire le départ entre l'œuvre d'artisans de fabriques funéraires et l'œuvre de véritables artistes.

Cette observation nous permet de caractériser d'une façon générale l'art révélé par les documents du Ho-nan, du Sseu-tch'ouan et du Chan-tong à l'époque des Han. La technique est, en effet, primitive. Elle consiste à évider le champ de la pierre autour des figures par un contour à angles émoussés. Dès lors, la figure apparaît en silhouette et des traits gravés complètent le dessin des formes. L'immaturité technique est donc évidente. Cependant, quand on parcourt la collection des estampages, on ne peut pas ne pas être frappé de la liberté des attitudes, de la noblesse et de la puissance de certaines figures, de la grâce de telle forme de femme dansant dans une attitude ponctuée par les gestes rythmiques des bras que prolongent de longues manches, de la vigueur, enfin, des chevaux au col cambré, au port fier et qui évoquent les débris d'un style admirable. Ce qui est caractéristique aussi, c'est la difficulté que l'artiste éprouve à composer des scènes. Le procédé technique l'empêche de combiner ses figures, il semble éviter le plus possible d'avoir à les détacher l'une sur l'autre. Cela lui arrive, cependant, pour les chevaux, lorsqu'ils sont attelés de front à un char, pour les cavaliers lorsqu'ils marchent deux à deux. D'une façon générale, la composition s'établit par addition, suivant le procédé primitif, et la distance est traduite soit par la juxtaposition de registres, comme en Égypte ou en Assyrie, soit, lorsque la division des registres est rompue, par une dissémination des figures qui empêche les unes de chevaucher sur les autres. Cependant, de grandes compositions sont ainsi réalisées qui évoquent des fresques grandioses. Il y a un désaccord profond entre l'énergie de ces chevaux lancés en plein galop, de ces lévriers en chasse, de ces figures de guerriers au combat, ou de ces solennelles théories de nobles à l'attitude pleine de gravité, et la pauvreté aussi bien de la traduction esthétique que des moyens employés. On se persuade, lorsque l'on met ces considérations en balance, que l'on se trouve devant des œuvres d'artisans copiant des dessins de maîtres et les faisant fléchir au niveau de leur technique grossière, sans parvenir à en anéantir l'inspiration. Ainsi s'explique l'identité des scènes et la répétition des attitudes. Çà et là, dans le groupement des figures, des essais de perspective font songer à la peinture telle qu'elle nous apparaît dans les plus hautes périodes que nous puissions atteindre, et il me semble que les attitudes gracieuses, au rythme si profond de Kou K'ai-tche, ne sont point sans parenté avec le dessin que l'on devine à travers la traduction si imparfaite de certaines des pierres gravées.

Il est possible que le grain de la pierre employée ait interdit le développement de la technique du bas-relief en l'empêchant d'acquérir la souplesse nécessaire. Cependant, quand on voit combien sont profondément trahis des modèles abandonnés à des ouvriers travaillant par habitude et sans intelligence, il me semble que l'on ne peut attribuer aux artisans des pierres gravées l'invention des scènes et des figures qu'ils « exécutaient » — c'est le mot — de façon si capitale. Ils semblent avoir répété des modèles qui, du reste, se trouvent reproduits à plusieurs reprises dans la série que l'on possède. Et si l'on tient compte, d'une part, des documents écrits d'après lesquels on doit conclure à la constitution d'une école de peinture bien établie à cette époque, d'autre part, de la peinture de Kou K'ai-tche qui suit d'un peu plus d'un siècle les plus tardifs des bas-reliefs, on ne peut se défendre de tenter de reconstituer, à travers les compositions des fabriques funéraires, un art qui les dominait [1].

Du reste, la figure de lion publiée par M. Sekino est là pour confirmer ces vues et leur enlever ce qu'elles pourraient avoir de trop aventuré. Elle nous révèle un art qui a toute la souplesse, la grandeur, les moyens des périodes évoluées, en pleine possession des ressources techniques. Malgré les injures du temps, l'attitude tranquille du lion, la face expressive et puissante qui rappelle si étrangement l'art antique de la période gréco-romaine, tout révèle non pas un départ hésitant, mais la pleine possession des moyens et la conception d'un art parvenu à la maîtrise. Il s'agit bien évidemment ici des lions sculptés dont parle l'inscription d'un des piliers de Wou Leang ts'eu et qui étaient considérés comme perdus. Cette inscription, qui date de la construction des piliers et du sanctuaire en l'an 147 de notre ère (1re année kien-ho)[2], parle aussi du sculpteur, Souen-tsong, qui, au

---

1. Laufer insiste dans son livre sur la détérioration graduelle qu'ont subie les bas-reliefs, d'une part, à cause du manque de soin, d'autre part à cause des estampages nombreux qui ont été pris sur la pierre en l'enduisant préalablement d'encre. Cet encrage et la reproduction des estampages prêtent aux bas-reliefs l'allure de compositions d'ombres chinoises, alors que, en réalité, le ton de la pierre était gris et que les lignes gravées, blanches dans les estampages, formaient, au contraire, des traits d'ombre dans les originaux. Ces conditions sont évidemment de nature à donner une fausse idée de l'art des bas-reliefs. Il faut y ajouter qu'au point de vue documentaire, il est utile de comparer les gravures du *Kin che souo*, un livre archéologique publié en 1821, et qui contient des reproductions des sculptures, avec les estampages actuels. Malgré la rupture des proportions de l'original et, parfois, des changements arbitraires dans le détail, cette comparaison permet de se faire une meilleure idée des sculptures. — Cf. Laufer. *Chinese Pottery of the Han Dynasty*. Leyde-Brill. 1909, p. 70, note 2. Enfin toutes ces considérations se trouveront singulièrement renforcées pour qui aura vu certains des bas-reliefs rapportés par le professeur Fisher et actuellement au Musée ethnographique de Berlin.

2. Cf. Bushell. *L'Art chinois*. Trad. d'Ardenne de Tizac, p. 38.

prix de 40.000 pièces, sculpta les deux lions, tandis qu'un autre sculpteur, Li Ti-mao, appellation Meng-fou, donna le modèle des piliers dont la perfection architecturale, la noblesse et la grandeur s'apparentent aux figures de lions et révèlent, eux aussi, un art supérieur à l'exécution des bas-reliefs. Si l'on compare sans esprit préconçu ces divers éléments, il semble que l'on ne puisse pas ne pas considérer les bas-reliefs comme l'œuvre d'artisans inférieurs aux artistes qui exécutèrent les modèles suivis par eux et qui réalisèrent la noble ordonnance des piliers ou les figures de lion.

III

Il faut quitter, maintenant, les monuments figurés, toujours plus sûrs, pour faire appel aux témoignages écrits. On y trouvera des éléments qui viendront contrôler et fortifier ce que l'on peut dégager de l'étude directe des œuvres. Sans doute, il conviendra de faire abstraction des récits à tournure légendaire; on ne peut les admettre sans défiance; mais, cette réduction accomplie, on n'en possédera pas moins des traces d'une origine fort lointaine.

Le philosophe Han Fei tseu, qui mourut en 233 avant l'ère chrétienne, raconte que : « un courtisan dépensa trois années à peindre une fève pour le prince de Tcheou ; mais lorsque ce dernier le vit n'aboutir à rien autre qu'à une ordinaire fève rouge, il fut fort irrité... Construisez un mur de dix planches, dit le peintre, placez-y une fenêtre de huit pieds; ensuite, examinez à cet endroit la fève dans l'éclat du soleil levant. Le prince suivit cette indication et il fut étonné de voir que la fève était couverte de figures de dragons, de serpents, d'oiseaux, de chariots, de chevaux[1]... » Cette histoire fabuleuse prend cependant un sens précis lorsqu'on s'en rapporte à cette observation positive du prince de Houai-nan qui mourut en 122 avant notre ère et qui dit « que les peintres de son temps représentaient chaque poil, mais oubliaient l'expression »[2].

D'autre part, d'anciens livres chinois datant du IVe siècle au VIe siècle avant notre ère, parlent de cartes terrestres ou célestes dessinées par des peintres et destinées soit aux besoins politiques et administratifs de l'Empire, soit à

---

1. Giles, *An Introduction to the History of Chinese Pictorial Art*. Shanghaï, 1905, p. 2, 3.
2. *Id., ibid.*, p. 3.

des réglementations astronomiques qui, comme on sait, jouent un grand rôle dans la civilisation chinoise. Mais c'est seulement au début de la dynastie Han, en 206 avant J.-C., que l'on peut se rapporter à des éléments précis pour ce qui concerne la peinture. Parmi les divers témoignages où se mêle un fabuleux qui reste toujours présent dans les annales orientales, on découvre aussi des observations trop précises, des indications trop définies pour pouvoir les révoquer en doute et ne point admettre qu'ils correspondent à la réalité. « Dans ce que nous pouvons appeler la section artistique de l'Histoire des Han Occidentaux, dit M. Giles, quelque quinze ou seize livres illustrés sont énumérés, tels que les *Portraits de Confucius et de ses Disciples*, *l'Art de la Guerre de Souen Wou*, les *Miao-tseu* et ainsi de suite. Mais dans le cas de la plupart des peintures énumérées, aucun nom d'artiste n'est indiqué. On doit, du reste, bien avoir présent à l'esprit que, à cette époque et pour plusieurs siècles encore, les livres étaient manuscrits et les illustrations peintes à la main[1]. » Il est intéressant en tout cas de noter que, parmi les six noms de peintres désignés comme ayant vécu au temps de la première dynastie Han, l'un était renommé comme peintre de portrait, les trois autres excellaient dans la représentation des bœufs, des chevaux et des oiseaux, tandis que le cinquième et le sixième étaient réputés comme coloristes. Sous la deuxième dynastie Han, les témoignages écrits parlent de certains peintres dont la culture était universelle. Tchang Heng était fameux pour sa connaissance des cinq classiques et pour son habileté dans les six disciplines considérées comme beaux-arts par les anciens Chinois : les rites, la musique, le tir à l'arc, la conduite des chars, la calligraphie et les mathématiques. Ts'ai Young, qui vécut au IIe siècle de notre ère, était fameux comme lettré et comme homme d'État; un autre, Lieou Pao, était gouverneur d'une province. Cette qualité du peintre, la plupart du temps prêtre ou lettré, fixée ainsi dès les origines, devait avoir, comme on le verra plus loin, une grande influence sur le contenu philosophique des arts plastiques.

Tout ceci montre que, si les œuvres peintes de ces hautes périodes doivent être considérées comme à jamais disparues, au moins l'ordonnance révélée par les bas-reliefs, la composition large et aisée de certaines scènes, si picturale, le dessin fier et sûr de ces chevaux au col cambré, la nervosité de certaines figures, sont les reflets lointains d'une grandeur que nous pouvons

---

1. Giles. *Loc. cit.*, p. 5.

deviner. Nous n'en sommes donc pas entièrement réduits aux témoignages écrits, et nous pouvons reconstituer dans notre esprit l'aspect général d'un art qui avait déjà atteint à l'expression parfaite de la pensée humaine. Cependant, nous touchons au moment où les influences bouddhiques ont commencé à pénétrer en Chine. Il faut s'arrêter un instant et fixer les conclusions que l'on peut tirer des documents relatifs à l'origine et à la première constitution de l'art de l'Extrême-Asie.

CHAPITRE VIII

L'ART CHINOIS AVANT L'INTRODUCTION DU BOUDDHISME

Si l'on considère les témoignages écrits que M. Giles a résumés[1], on peut se trouver entraîné à attribuer à l'art de la peinture dans les hautes périodes une perfection qu'il n'avait pas encore atteinte. Les anciens auteurs chinois parlent des œuvres produites en des termes tels qu'ils suggèrent un apogée. Pour se rendre compte de la mesure dans laquelle il faut admettre ces louanges, il nous suffira de nous en rapporter à quelques exemples précis, choisis dans notre propre histoire. Lorsqu'ils sortirent de l'ère des informes *xoana* pour aboutir aux premières statues archaïques, incomplètes et gauches comme l'Apollon de Ténéa, les Grecs aussi crièrent au miracle et les textes rapportent que le fabuleux Dédale, ouvrant les yeux des statues, détachant les bras collés au corps, mettant l'être tout entier en marche, leur avait donné la palpitation de la vie. Plus tard, lorsque s'accomplit en Italie la révolution inaugurée par Cimabué et continuée par Giotto, ce fut un semblable enthousiasme. Vasari raconte que le peuple de Florence porta en triomphe dans les rues de la ville cette image de la Madone où il voyait l'imitation de la vie, et où cependant, le vieux maître italien n'avait guère fait que se libérer timidement des lourdes règles byzantines. Puis, lorsque Giotto mêla à ses figures son paysage maladroit et timide, ses rochers aux formes conventionnelles, ses arbres et ses fleurs à l'allure primitive; lorsqu'il eut assoupli les attitudes, exprimé, avec la clairvoyance du génie, le mouvement des êtres et la puissance de la vie intérieure, on crut si bien avoir atteint le but le plus extrême de la peinture que l'on pensa ne pouvoir aller au delà. Toute la génération des peintres

---

1. Giles. *Loc. cit.*, 1ᵉʳ chapitre.

de fresques florentins du xiv⁰ et de la première partie du xv⁰ siècle fut produite par cette conviction que, les moyens techniques étant définitivement acquis, il n'y avait plus qu'à produire avec abondance et à épuiser les sujets qui s'offraient à l'esprit. Si nous étions privés des monuments, si nous ne connaissions pour ces époques essentielles que les textes qui s'y rapportent, nous serions amenés à donner aux œuvres une perfection grandie peut-être par notre sens de l'idéal. Il en est de même pour la peinture chinoise à ses origines. Nous devons faire la part d'un émerveillement provoqué par la puissance évocatrice d'un art dans toute sa fraîcheur et qui apparaissait pour la première fois devant les intelligences conquises. Nous devons admettre les témoignages écrits avec les réserves que comporte notre propre histoire; une fois cette conception bien établie, en comparant ces éléments nouveaux avec les quelques monuments que nous ont laissés les vieux âges, nous pourrons fixer avec une exactitude relativement précise, la nature propre et le contenu traditionnel de l'art chinois avant l'invasion du Bouddhisme et l'introduction des images qu'il apportait avec lui.

I

Lorsque les livres nous parlent de portraits dont la ressemblance était frappante et qu'ils content à l'appui de cette affirmation des légendes telles que le songe de Wou-Ting[1] ou l'histoire du roi des Huns[2], ils ne font que témoigner de l'effet produit sur les hommes de ce temps par les ressources nouvelles de la peinture. On peut y voir tout simplement les premiers essais par lesquels l'artiste s'est approché de l'individualisation des figures ; et, d'autre part, lorsque l'on nous dit que « chaque poil était peint, mais que l'expression manquait », cette courte phrase nous permet d'entrevoir un art qui gardait le côté attentif et malhabile des temps primitifs. C'était l'application de l'homme devant des formes qu'il explorait encore ; comme à toutes les

---

1. La tradition raconte que le roi Wou-Ting de la dynastie des Yin eut en 1326 avant J.-C. un songe au cours duquel il vit sa maison, prête à s'écrouler, soutenue par un homme inconnu. Aussitôt éveillé, le roi décrivit le personnage qu'il avait vu dans son rêve, fit exécuter un portrait d'après sa description et ordonna que l'on recherchât au moyen de ce portrait l'être qui devait le sauver. On trouva un architecte nommé Yue qui répondait à la description. Il fut aussitôt nommé premier ministre.

2. L'Histoire officielle de la période des Han Occidentaux rapporte qu'en 202 avant J.-C. l'empereur se trouvant assiégé par une armée de Hioung-nou, ancêtres des Huns, un ministre avisé envoya à la femme du chef barbare le portrait d'une fort jolie fille, l'assurant d'autre part que l'Empereur avait l'intention d'offrir en présent la jeune femme à son mari. La reine s'empressa de persuader à son époux que l'Empereur régnait après tout par la volonté du ciel et qu'il devait abandonner le siège de la ville.

périodes de début, il les définissait point par point, asservi à chacun des éléments que le raisonnement lui désignait ; il ne connaissait pas encore cette synthèse puissante où les maîtres des temps postérieurs enfermaient la toute-puissance de la vie. Les bas-reliefs du temps des Han nous disent comment les formes animales pouvaient y être saisies. Les chevaux y sont représentés avec une grande liberté. La ligne que dessine leur contour est pleine de fermeté en même temps que souple et harmonieuse. L'animal chemine dans un port fier, la tête ramassée sur le cou cambré ; le poitrail bombé, l'une des pattes de devant relevée très haut. Lorsque cette attitude où s'affirme un sens de noblesse et d'orgueil s'est trouvée exprimée pour la première fois, elle a dû paraître aux contemporains l'image même de la vie. Il semble qu'elle ait eu une action considérable puisque, dans les bas-reliefs postérieurs, on retrouve le même port, les mêmes attitudes, mais plus molles et devenues conventionnelles ; tout ce qu'il y avait d'énergique dans la première image semble avoir disparu. De même le dragon, le phénix, l'oiseau à trois pattes qui forme l'attribut du soleil, le crapaud sculpté dans le disque de la lune, marquent, sur les plus anciennes des pierres gravées, un esprit d'observation, un désir évident de saisir la nature des formes dans leur vérité expressive, tandis que, dans les bas-reliefs du IIe siècle de notre ère, des scènes aussi complexes que la découverte du bronze sacré ou le paradis de Toung Wang Koung et de Si Wang Mou, marquent des moyens de composition qui devaient être beaucoup plus libres lorsque l'artiste n'était pas arrêté par les difficultés du travail de la pierre et pouvait se laisser aller au caprice du pinceau. Une scène comme celle de la tentative d'assassinat de Ts'in Che Houang-ti, malgré la gaucherie avec laquelle le sculpteur l'a distribuée, permet de supposer une certaine liberté dans la peinture. On y voit, en effet, les figures s'agitant autour d'un pilier, une boîte posée à terre, et dans le mouvement même des corps, une certaine hardiesse qui devait permettre au peintre, moins lié par le procédé, une évidente liberté. Enfin, les nuages aux courbes voluptueuses figurés encore dans une dualité de nature qui leur prête le caractère mythique des premières cosmogonies, l'arbre de vie déployant son feuillage ornemental, tous ces éléments dénotent, dans cette forme primitive de l'art oriental, un sentiment de la nature fort étroitement apparenté au contenu intellectuel déterminé par la philosophie de Lao-tseu et les conceptions cosmologiques qui l'avaient précédé.

Cela établi, quel a pu être l'apport du Bouddhisme ? Dans les conditions où se détermine la première évolution d'un art purement chinois, on voit surgir, par le témoignage figuré comme par le témoignage écrit, l'influence d'un sentiment de la nature que comportaient la cosmologie antique et les premières philosophies. Les sculpteurs du Chan-tong nous dévoilent la hantise de ces rêves philosophiques dans l'esprit des artistes. On y retrouve les images de ces régions fabuleuses auxquelles rêvaient les solitaires du Sien-chou. Les textes confirment cette indication. Si le résultat, tel que nous pouvons l'apprécier encore, est gauche et puéril, s'il n'atteint pas à cette poésie profonde que prendra plus tard le paysage des maîtres, la faute n'en est point à la pensée dont les désirs s'affirment, mais à une technique incomplète, à un savoir insuffisant. Le but vers lequel tendra l'âme orientale dans son expression entière, des confins de la Chine jusqu'au Japon, ce but il est indiqué déjà dans les efforts hésitants de l'art à ses premiers débuts. Dès lors, je cherche vainement ce rôle extraordinaire que l'on a voulu attribuer au Bouddhisme, apportant à ces orientaux, auxquels on prête gratuitement un esprit étroitement positif et matériel « ce quelque chose » que l'on dit spécial à notre race, « ce quelque chose de l'imagination des Aryens et de leur idéalisme ». Il est nécessaire de lutter contre un préjugé aussi sot, composé d'un mélange à parties égales d'ignorance et de vanité.

II

Le Bouddhisme est apparu en Chine au 1er siècle de notre ère. La légende raconte que l'empereur Ming-ti, ayant eu en songe la révélation d'un dieu étranger, envoya une mission vers l'Occident. Une mission partit en réalité pour l'Inde sous son règne, en l'an 61 ; elle revint en Chine en l'an 67, ramenant avec elle le prêtre bouddhiste Kâçyapa Mâtanga et rapportant, avec des livres sacrés, des peintures et des images. Mais l'influence que la nouvelle doctrine peut avoir eue à cette époque est nulle. C'est seulement dans les premières années du IIIe siècle qu'elle commence à se répandre et à la fin du IVe qu'elle prend une grande extension. Dès le VIe siècle, on comptait en Chine deux millions de prêtres bouddhistes et trente mille temples. On sait aujourd'hui quelles voies la doctrine indienne a suivie pour parvenir, à travers la Chine, jusqu'au Japon. On sait que, partie des régions du nord-ouest de l'Inde où régnait ce que l'on a appelé l'art du Gandhâra, elle se répandit d'abord dans le Si-Yu, les régions à l'ouest de la Chine ; de là elle gagna la

Chine septentrionale, la Chine du centre et de l'est et, par la Corée, passa au Japon. Elle apportait avec elle ces influences indo-grecques qui avaient fait l'art du Gandhâra. Leur action sur les premières manifestations de l'art Bouddhique dans l'Orient tout entier demeure incontestable. Encore faut-il ne pas exagérer leur importance ni méconnaître ce qui était acquis avant leur intervention.

L'art bouddhique apportait avec lui cet art du Gandhâra où des influences persanes se mêlaient aux éléments de la culture hellénistique. En comparant à l'art développé dans les fresques d'Ajântâ[1] les œuvres les plus anciennes de l'art bouddhique chinois ou japonais, on avait déjà pu sentir dans une certaine mesure le lien qui rattachait à l'Inde les manifestations plastiques les plus anciennes de la doctrine indienne dans l'Extrême-Asie. On pouvait y deviner aussi, dans le dessin simple, au trait aisé et capricieux des lignes et des draperies, une trace lointaine de l'influence grecque. Les premières images bouddhiques, avec les influences subies, tendaient à fixer un type dont on devait d'autant plus difficilement s'écarter que le sens essentiellement conservateur de la nature religieuse y était attaché. On peut aujourd'hui déterminer avec plus de sûreté les apports étrangers et suivre, sur la longue route qui menait vers l'Orient extrême du continent asiatique, les étapes où la doctrine triomphante laissait les manifestations de son art.

C'est d'abord, dans le district de Pêshawar, sur la frontière nord-ouest de l'Inde et dans cette partie qui forma jadis le Gandhâra proprement dit, la découverte de cet art, hellénistique dans ses formes, bouddhiste dans son inspiration, où se constitue la représentation plastique du Bouddhisme du nord. On y voit se créer dès le premier siècle, ou, tout au plus, au début du IIe[2], le type hiératique du Bouddha nimbé, « véritable marque de fabrique, dit M. Foucher, de l'école gréco-bouddhique » et aussi ces figures de Bodhisattvas et d'assistants de toute espèce qui, multipliés en nombre au cours de leur long voyage, différenciés en type, iront s'arrêter au seuil du Pacifique sur les rivages insulaires du Japon.

---

1. On peut se faire une idée des fresques d'Ajânta par les copies, aujourd'hui presque indistinctes du South Kensington Museum à Londres, ou mieux, par l'ouvrage de Griffiths, qui restera une source à laquelle il faudra toujours revenir, certaines des fresques reproduites par lui étant aujourd'hui détruites. Mme C.-J. Herringham a rapporté à Londres, au cours de l'été de 1910, les copies des fresques les plus importantes. Elles ont été réalisées par elle, avec l'aide de jeunes artistes indiens, au cours d'un long séjour à Ajânta. Le *Burlington Magazine* de février 1910 a donné une reproduction en couleurs d'une de ces copies. J'ai pu voir chez Mme Herringham l'ensemble des travaux exécutés par elle ou sous sa direction. Ils seront complétés au cours d'une deuxième expédition.

2. Foucher. *Art gréco-bouddhique du Gandhâra*, Paris, 1905, p. 42.

Ainsi formulé dans le nord-ouest de l'Inde, l'art gréco-bouddhique, constitué sous l'influence des ateliers hellénistiques, a commencé la longue marche qui, par une mince lisière d'oasis, entre les sables du Taklamakan et les solitudes rocheuses des monts Kouen-louen, devait le conduire dans la Chine septentrionale, en Corée, puis au Japon. On possède aujourd'hui les traces de ces passages; les récentes expéditions allemandes, anglaise et française en ont rapporté des témoignages dont l'étude approfondie éclaircira bien des points douteux. D'autre part, M. Chavannes a photographié et systématiquement relevé à Yun-kang, les plus anciens monuments de la sculpture bouddhique en Chine; en établissant la comparaison des documents nouveaux avec les monuments des hautes périodes de la Chine et du Japon, on peut voir dès à présent dans quelle mesure les éléments gandhâriens se sont transformés au cours de leur long voyage dans l'Extrême-Asie.

Ce n'est pas une mince surprise que de découvrir dans les éléments divers rapportés par la mission Stein, des fragments de fresques trouvés en plein Lob-noor représentant des figures ailées qui ne seraient point déplacées dans quelque coin de catacombe romaine. Les grandes fresques de Mourtouq, rapportées par M. von Le Coq, déploient l'ordonnance fastueuse de ces figures de Bouddhas entourés de Bodhisattvas qui se répétera, inchangée dans la formule plastique du Bouddhisme chinois ou japonais. Les figures sont établies au trait d'après un poncif, le modelé est donné par un tracé ton sur ton, qui appartient à cette même technique déployée au Japon dans la belle fresque du Kondô de Horyu-ji. Au contraire, certains fragments d'Idiqout-chahri révèlent un art plus libre où l'on ne sent pas, entre l'artiste créateur de la composition, et l'exécution des images, l'intervention des artisans. On y est très près de cet art japonais des hautes périodes où le pinceau s'écrase par moments pour donner au dessin des formes une vigueur et une souplesse admirables. On s'éloigne ici de l'influence gandhârienne encore dominante dans les fresques de Mourtouq et si, avec les documents des missions Stein et Pelliot, on passe à Touen-houang, on y découvre encore un aspect nouveau. Les peintures représentent toujours ces épisodes de la vie du Bouddha dont l'ordonnance fut établie dans le Gandhâra; mais aux confins de la Chine de l'ouest, les personnages de la doctrine indienne ont pris le vêtement chinois. Ce sont des officiers chinois, des magistrats chinois qui incarnent les personnages de l'histoire sacrée. L'art laïque de la Chine s'est emparé des sujets que lui apportait la doctrine étrangère ; il lui a si bien imposé ses formules, ses figures, ses accessoires que l'on y retrouve cette même architecture qui fut importée à l'époque Nara, au Japon, et ces mêmes instruments de musique qui figurent dans la collection d'objets précieux donnés au milieu du VIIIe siècle, au temple du Shyôso-in par un pieux empereur. Ce n'est pas un mince argument à faire valoir en faveur de l'originalité et de la puissance traditionnelle de l'art chinois.

D'autre part, dans les documents de la mission Stein comme dans ceux de la mission Pelliot, on observe certaines formes que l'on avait pu, jusqu'à présent, croire purement japonaises. Tel est le cas du type de Kshitigharba représenté en Maître des six mondes du désir, le crâne rasé, le sistre du prêtre à la main, portant la robe du moine, et tel est le cas aussi de la grande broderie rapportée par M. Stein où l'on identifie le sujet d'Amithâba surgissant des montagnes, entre Avalokiteçvara et Mahasthâma, ainsi qu'il apparut, dit la tradition japonaise, à un fondateur de secte, le prêtre Eishin.

Des éléments du même ordre surgissent des nombreux documents que M. Chavannes a photographiés à Yun-kang et à Long-men. Si beaucoup de ceux qui proviennent du Turkestan chinois ne semblent pas devoir remonter au delà du VIe siècle et si la plupart appartiennent au VIIIe, on possède à Yun-kang, des sculptures dont aucune n'est postérieure au Ve siècle, tandis qu'à Long-men, elles débutent au commencement du VIe et, sauf de rares exceptions, prennent fin au VIIIe.

On a, dans les grottes de Yun-kang, le contact plus direct de l'art du Gandhâra. On y constate l'habitude d'encadrer les statues dans des niches qui reproduisent la face d'un vihâra, adaptée à une formule décorative. Mais, tandis que, au Gandhâra, on retrouve dans tous ses éléments, colonnes et frontons, la section ou le modèle de chapelle assouplie au sens ornemental, dans les grottes de Yun-kang les motifs ornementaux ont fait place à des figures volantes et, lorsque le dessin des piliers a subsisté, les colonnes supportant le fronton ont vu leurs ornements remplacés par des figurines de Bouddhas.

Les souvenirs indo-grecs commencent à s'atténuer. L'influence gandhârienne est encore présente dans les motifs ornementaux, dans les attitudes de certaines figures, dans le choix des scènes où l'on rencontre des séries relatives à la vie du Bouddha, pareilles à celles que traita, pour la première fois, l'art gréco-bouddhique. Mais ces éléments se sont déjà transformés dans un sens plus marqué d'influence asiatique; les motifs se brouillent, les scènes se confondent et, aussi, dans la détermination des types, des figures nouvelles surgissent qui montrent la multiplication du peuple divin dans le Panthéon du Bouddhisme du nord.

D'autre part, l'art atteint ici des formules parfaites. Ce n'est plus le procédé de l'art antique, dans les périodes décadentes de l'hellénisme ; l'inspiration ne s'exprime plus sous un vêtement étranger ; le recueillement profond, la douceur infinie du Bouddhisme se gravent dans ces visages où rayonne le sentiment mélancolique de l'universelle pitié. Les formes élégantes et graciles, les expressions intenses et mystérieuses, le caractère nouveau des dieux, tout cela appartient, non pas à une formule qui s'épuise, mais à un effort prodigieux, plein de vitalité et de jeunesse et qui formule ses premières affirmations de beauté. C'est précisément cela que l'art bouddhique est venu chercher en Chine; c'est cela qu'il a transmis au Japon des hautes périodes. L'art japonais ou coréen de l'ère Suiko se rattache d'une façon immédiate aux figurations de Yun-kang et, à travers les influences exercées par l'ère Suiko aussi bien qu'à travers les apports continentaux, à l'art japonais du VIIe et du VIIIe siècle. On retrouve dans les planches publiées par M. Chavannes le prototype de ces figures d'apsaras que l'on voit au Japon dans le bas-relief du temple d'Okadera, par exemple, ou dans la collection du Shyôso-in, ou dans les décorations du Tabernacle et les fresques de Horyu-ji. Parfois, comme dans les Ten-jin du Shinkakushi-ji qui date de l'ère Tempyo (milieu du VIIIe siècle), on retrouve exactement la même armure que porte le Kuvera de la grotte de Long-men. On voit maintenant avec certitude la nature et l'origine des changements apportés par leur long voyage aux éléments gandhâriens que l'on devinait dans l'ancien art japonais. Rien n'est plus proche de la fresque du Kondô de Horyu-ji que les fresques rapportées par les missions Grünwedel et von Le Coq ou photographiées par la mission Pelliot dans le Turkestan chinois. Rien n'est plus proche des Ten-jin japonais du VIIIe siècle que le Kuvera de Long-men. Dans le Turkestan, au confluent des grandes civilisations qui, venues de l'Inde du nord, de l'Asie Occidentale et de la Chine, se heurtaient à la fois, jaillit l'établissement de ces types formulés plus tard dans l'art bouddhique de la Chine et du Japon. Au service de la doctrine indienne, et dans la représentation de son panthéon multiforme, l'Extrême-Asie a mis alors une dépense d'intelligence et de sentiment qui l'a conduite aux limites les plus lointaines de l'élan mystique. L'hellénisme gandhârien n'était ici que la vague lointaine qui vient mourir sur la grève aréneuse. Ce n'était pas un point de départ, c'était le dernier écho d'une tradition finissante et qui devait se fondre dans des éléments plus puissants.

III

Ceci aura suffi, semble-t-il, à faire justice des préjugés et des conceptions fausses qui ne se sont que trop souvent répétés. On cherchera vainement cette prétendue particularité de la « pensée aryenne » qui est venue apporter à la Chine la représentation de la figure et l'inspiration spiritualiste. Dans les bas-reliefs du temps des Han, les personnages héroïques et les scènes d'histoire ne manquent pas. Les divinités taoïstes y sont tout aussi spiritualistes et mystiques que les divinités bouddhiques des temps postérieurs. Les sages immortels et les penseurs divins y apparaissent, parfois sous des formes fabuleuses, dans la grandeur du mythe. Et tout cet ensemble intervient, lui aussi, lorsque surgit la doctrine indienne, pour donner aux formules nouvelles des dieux un peu de ce que l'évolution antérieure avait défini.

Sur la base d'une stèle chinoise, qui porte la représentation du Bouddha Amithâba et qui date du vi[e] siècle, on trouve cette inscription bien caractéristique : « La vérité spirituelle est large et profonde, d'excellence infinie, mais de difficile compréhension. Sans le secours des mots, il est impossible d'exposer sa doctrine; sans images, sa forme ne peut être révélée. Les mots expliquent la loi de deux et de six; les images définissent les relations de quatre et de huit. N'est-elle pas profonde et co-étendue avec l'espace infini, sublime au delà de toute comparaison? [1] » Ce n'est guère en d'autres termes qu'à la fin du viiie siècle, Kôbô-Daishi, peintre japonais et prêtre bouddhiste parle de l'instruction qu'il reçut pendant son séjour en Chine. Il dit, dans son Shôrai-roku : « Le révéré saint homme (évidemment le prélat dont il recevait l'enseignement théologique) m'informa que les secrets des doctrines de la secte de Shingon ne pouvaient pas être exprimés sans l'aide de peintures. C'est pourquoi j'emmenai avec moi seize artistes parmi lesquels Li-chen, et je leur dessinai diverses figures sacrées [2]. »

1. Cf. Bushell. *Chinese Art.*, p. 44, vol. I, et *L'Art Chinois*, trad. d'Ardenne de Tizac, p. 47. Ce monument est reproduit dans : Chavannes. *Mission archéologique dans la Chine septentrionale*, n°s 419 à 423.
2. Cf. Kokka, n° 198, Portrait of Saint Fuku-Konjo, p. 494.

Une semblable conception du pouvoir des images peut expliquer une impulsion considérable donnée à la représentation de la figure ; elle ne suffit point pour nous faire oublier que les anciens livres parlent de portraits exécutés plusieurs siècles auparavant par des artistes chinois. Il serait, du reste, impossible de concevoir l'éclosion spontanée d'un art pareil à l'art bouddhique. Il porte avec lui des raffinements, une habileté qui ne peuvent être atteints d'un seul coup et l'on ne peut supposer que toutes les images, bas-reliefs, sculptures ou peintures du IIIe au VIIIe siècle aient été exécutées par des prêtres indiens dont l'éducation esthétique aurait été faite hors de Chine. Placer ainsi le problème sur son véritable terrain, c'est lui donner sa solution immédiate. L'énorme dépense intellectuelle que la Chine fournit pour le développement de la doctrine indienne, s'est aussi traduite dans la forme d'art qu'elle a provoquée, : cette contribution était d'autant plus facile que l'art chinois s'était développé déjà à travers de longs siècles de culture.

Cependant le Bouddhisme, lorsqu'il se répandait dans l'Extrême-Asie, venait combler les aspirations confuses de l'âme humaine. Dans le Japon, à demi barbare, il était l'initiation civilisatrice. Dans la Chine évoluée et puissante, dont la pensée avait déjà formulé des systèmes séculaires, il apportait le sentiment profond, la mélancolie douce et sereine de l'au-delà. Son développement correspond à un remaniement singulier de l'âme chinoise. En même temps qu'il se constitue dans l'Empire du Milieu, s'y constituait aussi la forme religieuse du Taoïsme avec ses croyances mystiques et son panthéon innombrable. Le pieux recueillement, le raffinement désabusé, l'éloquence un peu lasse de l'époque des T'ang est loin de l'autorité positive et consciente des âges antérieurs. C'est le moment où la Chine regarde au delà des barrières que lui ont fixées le système social et la vigoureuse pensée confucéenne. Les aspirations d'un Lao-tseu ne sont plus l'apanage des esprits de très haute culture ; elles ne se satisfont pas dans une philosophie dont la vision grandiose s'évanouit au sein de l'illimité ; elles sont devenues le désir des humbles et des petits ; le sentiment obscur de la foule demandait autre chose que ces doctrines inaccessibles. Alors, la religion nouvelle pouvait venir : lorsque la figure admirable et douce du Bouddha se dressa au delà des passes montagneuses de l'ouest, un frémissement courut sur ce monde déjà vieux. Les choses de l'âme y prirent un essor prodigieux. Ce fut là sa grande influence, son action réelle sur l'Extrême-

Orient tout entier. La religion nouvelle apportait aux multitudes la séduction puissante du rêve, l'espoir de la délivrance, l'universelle pitié. C'est par son contenu sentimental qu'elle devait agir, et cela explique son peuple innombrable de dieux. Son rôle demeure ainsi assez noble et assez beau pour qu'il ne soit point nécessaire de l'étendre au delà de ses limites. Il ne faut point méconnaître la vigueur intellectuelle dépensée par la Chine dans une philosophie de la nature qui s'était exercée sur ses premières formes d'art. De cette tendance auguste, le Bouddhisme devait hériter.

On le voit, malgré l'intervention puissante du Bouddhisme, l'art de l'Extrême-Asie, considéré dans ses sources, garde une unité de développement que cette intervention même ne fait pas fléchir. Des siècles de culture avaient élaboré cette philosophie naturelle à laquelle le Bouddhisme devait s'ouvrir. Pour des raisons mystiques, il était tout préparé à admettre ces sentiments créés par le développement de la vieille tradition. Il pouvait leur donner un sens plus touchant, il ne pouvait leur donner plus de magnificence. Même intégré à la civilisation chinoise, il n'établit pas une solution de continuité entre les temps qui précèdent et ceux qui suivent son apparition.

D'autre part, les livres chinois de plus en plus nombreux, de plus en plus précis, constituent des témoignages qui montrent le développement d'un art dont on a étudié plus haut les formules primitives. Il se poursuit à côté de l'histoire prodigieuse de la doctrine indienne. Les maîtres nouveaux se rattachent directement aux maîtres antérieurs et l'on voit seulement, peu à peu, les sujets bouddhiques apparaître dans l'œuvre de ces peintres qui poursuivaient encore l'élan reçu des temps antiques. Les textes contrôlent les monuments, tels qu'on peut les saisir, éparpillés dans les œuvres d'artisans et dans les rares œuvres d'art que les missions récentes ont rapportées de l'Extrême-Orient. Ils parlent, entre autres, de Ts'ao Pou-hing (IIIe siècle), connu par les Japonais sous le nom de Sô-futsu-Kô, et dont les œuvres parurent si parfaites que, outre une gloire durable, elles lui acquirent la renommée d'un personnage de légende. Sié Ho, un artiste et critique d'art du Ve et du VIe siècle de notre ère, laisse à propos d'une peinture de ce maître, vue par lui, un témoignage que l'on peut retenir : « Les œuvres de cet artiste, dit-il, ne sont pas parvenues jusqu'à nous. Il y a, cependant, dans la bibliothèque impériale, une seule peinture de lui représentant un dragon. En contemplant cet être, déterminé avec vigueur et spiritualité, il est impossible de dire que sa gloire était imméritée¹. » Parlant de Wei Hie, un artiste du ɪvᵉ siècle, le même auteur dit qu'il fut le premier qui peignit le détail, les peintures exécutées avant lui ayant été plutôt des esquisses. « Il était versé dans les six règles, quoique non entièrement maître de la forme, mais, à aucun degré il ne manquait de puissance. Il se dresse au-dessus de ses contemporains, grand modèle pour les âges futurs² ». On sait qu'il excellait dans les sujets taoïstes et bouddhistes, dans les peintures mythologiques et historiques. Les livres parlent de lui comme étant « puissant et plein de sentiment, subtil et expressif dans la pensée³ ». Wang Yi est connu pour avoir peint des lions, des éléphants, des poissons, des rhinocéros, tandis que l'on parle de Wang Hi-tche (321-379) comme ayant peint son propre portrait en étudiant son visage dans un miroir⁴.

Ici, malgré qu'ils se rapportent à des œuvres aujourd'hui perdues, les textes ont cette fermeté et ce sens positif des documents historiques. Ce n'est plus la légende qui parle, mais l'analyse et l'esprit critique. On pourrait encore émettre quelques réserves sur la manière dont il faut les accepter si l'on n'avait à sa disposition, pour cette période de l'art chinois, des documents non bouddhiques qui viennent en affirmer l'exactitude. On peut saisir dès lors le lien qui rattache une évolution antérieure à des œuvres produites. Celles-ci sont d'une nature telle qu'elles éclairent avec précision la pénombre dans laquelle se perdent les manifestations plastiques de la civilisation de l'Extrême-Asie du ɪɪᵉ au ɪvᵉ siècle. Elles vont nous permettre de marquer une étape décisive et de fixer l'unité essentielle de la pensée par l'exemple de deux maîtres : Kou K'ai-tche et Wang Wei.

IV

Le *British Museum* possède un rouleau de soie sur lequel se développent une série de peintures commentant un texte dont les divers fragments sont distribués au côté des scènes figurées. L'étude de ce texte a permis à M. Chavannes d'établir que le rouleau était incomplet et qu'il avait été coupé entre une scène et le texte qui l'accompagnait, de telle sorte que le dessin est demeuré et que la légende a disparu. Le texte est emprunté, non aux

---

1. Giles. *Chinese Picture*, p. 15.
2. Giles. *Loc. cit.*, 15-16.
3. Giles. *Loc. cit.*, p. 16-17.
4. *Ibid.*, p. 17.

« Avertissements aux femmes » de Pan Tchao, sœur de l'historien Pan Kou, comme on l'avait cru tout d'abord[1], mais aux « Avertissements de l'institutrice du Palais » composés par Tchang Houa, un auteur qui vécut de 232 à 300 après J.-C., au temps de la dynastie Tsin. M. Chavannes, dans la note qu'il a consacrée à la peinture de K'ou K'ai-tche, a fait valoir les raisons qui le conduisaient à la considérer comme authentique[2].

Une série d'attestations et de sceaux de divers collectionneurs, parmi lesquels des personnages impériaux, accompagne cette œuvre admirable. L'une des premières dit : « A l'un des moments de loisir de l'été, je revins à la peinture de K'ou K'ai-tche « Avertissements de l'institutrice du Palais » et, sous son influence, j'esquissai à l'encre une branche d'épidendrum, comme une expression de ma sympathie pour son sens profond et mystérieux. — Ecrit par l'empereur dans le pavillon de Lai-k'ing ». On lit ensuite quelques lignes de poésie glorifiant les préceptes de l'historienne Pan-chao, puis une inscription de l'empereur K'ien-loung, datée de 1746 de laquelle il résulte que cet impérial connaisseur professait la plus haute admiration pour l'œuvre qu'il possédait. « Celui seulement qui a atteint le Samâdhi — le plus haut degré de la méditation abstraite et extatique — peut joindre à un but pareil à cette œuvre. Elle n'a point perdu sa fraîcheur, ajoute-t-il, et sa perfection ne peut être dépassée par aucun de ceux qui sont nés plus tard. C'est la meilleure des quatre œuvres de ce peintre. » Parmi les sceaux on retrouve encore ceux de Song K'i, un homme d'État du XIe siècle, et celui de l'Empereur Houei-tsong (XIIe siècle). D'autre part, le rouleau qui porte ces peintures est inscrit dans le Siuan-ho-houa-pou, un catalogue dressé au commencement du XIIe siècle, parmi les neuf peintures de Ku K'ai-tche alors en possession des collections impériales[3].

Aucune pièce de comparaison ne permet, en Europe[4], d'identifier cette œuvre par les caractères inhérents à la plastique elle-même, mais, étant données la netteté et la valeur des témoignages qui y sont attachés, il est difficile d'en

---

1. C'est à Pan Tchao que, sur la foi d'un premier déchiffrement, fait au British Museum, M. Binyon a attribué le texte des peintures dans l'article du Burlington Magazine où il a supérieurement commenté l'œuvre peinte. La Pan Tchao dont il s'agit ici était la fille de Pan Piao (3 à 54 de notre ère) qui laissa une œuvre historique dans laquelle on trouve un jugement relatif à Sseu-ma T'sien. Elle était la sœur de l'historien Pan Kou et du général Pan Tch'ao, fameux par ses campagnes dans le Turkestan (Cf. Chavannes. *Mémoires historiques de Sseu-ma T'sien*, vol. 1, appendice II, p. ccxxxix et note 1).

2. Chavannes. *Note sur la Peinture de K'ou K'ai-tche*-T'oung Pao. Leyde-Brill, mars 1909, p. 76-86.

3. Binyon. *A Chinese Painting of the fourth century*. Burlington Magazine, janvier 1904. Londres, et *id., Painting in the Far East*, p. 37 à 42.

4. M. le professeur Fisher m'a dit avoir vu, à deux reprises, dans la collection de l'ancien vice-roi de Nankin, une œuvre de Kou K'ai-tche,

révoquer en doute la parfaite authenticité — tout au plus pourrait-on la considérer comme une copie ancienne d'un original du maître. Une semblable réserve ne lui enlèverait rien de sa valeur documentaire, mais elle pourrait à juste titre paraître excessive. Pour qui a pu dérouler cette vieille soie sur laquelle s'est gravée l'esthétique chinoise du ive siècle, pour qui a pu se laisser aller à l'émotion troublante et profonde qui se dégage de l'idéal conquis, la certitude du sens artistique ne laisse aucune place au doute et la sagesse timorée de l'archéologue ne tient pas devant [le rayonnement puissant, la grâce, la subtilité, le charme qui se dégagent de l'œuvre de maîtrise. On peut tenter toutes les réserves possibles ; dans la peinture orientale comme dans la peinture occidentale, nul, si ce n'est un homme exceptionnel, n'a pu donner une semblable image de la beauté.

Ce qui frappe ici, c'est la légèreté et la finesse du style, la poésie des attitudes, la suprême élégance des formes qui, dans ces femmes dessinées d'un trait harmonieux et ferme, met le charme des lourdes chevelures noires sur les visages blancs et le caprice voluptueux des vêtements aux longs plis flottants autour de leur corps frêle. Des mouvements pleins de noblesse s'opposent à des gestes d'une grâce exquise. Seules une sensibilité rare, une analyse subtile ont pu donner cette puissance évocatrice. Les couleurs, peu nombreuses, légèrement posées, parmi lesquelles dominent le noir, le rouge et le jaune, ajoutent une harmonie sobre et délicate à cet ensemble unique. Le raffinement d'une longue civilisation et d'une culture séculaire pouvait seul aboutir à un semblable résultat, fait de charme immatériel et de spiritualité.

Ce document nous permet de juger de l'exactitude que comportent les textes lorsqu'ils parlent des anciennes peintures. Il est impossible qu'un tel but ait été atteint d'un seul coup. Il suppose une évolution qui a dû se poursuivre durant plusieurs siècles avant d'aboutir à une semblable synthèse et, dès lors, il faut admettre ce que les vieux livres disent de l'art du portrait et du résultat auquel il était parvenu avant l'introduction du Bouddhisme. Il suffit de noter que l'œuvre de Kou K'ai-tche date de la fin du ive siècle ou, tout au plus, du commencement du ve, pour se faire une idée précise de ce que la doctrine indienne trouvait en Chine lorsqu'elle y apportait l'extase du rêve mystique et la douceur profonde d'une universelle pitié. Des maîtres dont elle avait touché le cœur, lui donnaient en retour l'art parfait avec lequel ils pouvaient évoquer les formes religieuses.

La partie centrale de ce long rouleau porte un paysage. Des montagnes se dressent avec le dessin précis des rochers, détaillé à la manière d'un Mantegna ou d'un Dürer, les vallées sont comblées de forêts aux ombrages mystérieux. Si on le compare aux figures, il prend un caractère étrange, car il garde quelque chose de l'analyse attentive et de la structure appuyée d'un primitif. Sans doute, comme le fait si justement observer M. Binyon, on ne peut conclure du style de cette œuvre unique au style habituel à l'œuvre tout entier de Kou K'ai-tche. Les peintres de l'Asie orientale ont parfois varié leur manière de telle sorte qu'ils ne sont plus guère comparables à eux-mêmes ; sans doute aussi, on peut croire que la situation du paysage au milieu des scènes évoquées par l'artiste a conduit celui-ci à lui laisser un caractère archaïque accentué, du reste, par sa signification mythique. C'est, d'autre part, la règle générale suivie au Japon par l'ancienne école de Tosa qui, pour certains de ses éléments, s'est modelée sur l'art chinois des T'ang[1]. Il est fort possible que, lorsqu'il traitait du paysage isolément, Kou K'ai-tche se soit laissé aller à une interprétation plus libre. Mais nous ne devons pas oublier que tous les témoignages écrits, en même temps que les rares monuments qui nous permettent de suivre l'évolution de l'art chinois, parlent de l'art de la figure comme ayant précédé dans son développement celui du paysage. Ce dernier a atteint plus tardivement à la beauté parfaite. Dès lors nous ne devons pas nous étonner de voir des figures voluptueuses, raffinées et subtiles correspondre à un art du paysage plein d'un charme naïf qui exprime d'une manière asservie encore, ce sentiment profond de la vie de la nature que l'art des Song réalisera plus tard avec une aussi magnifique liberté. Quel que soit le sacrifice fait à la composition, nous devons en retenir une indication et marquer ici l'étape caractéristique où l'art du paysage, au contact d'un art plus libre, après avoir analysé la complexité des formes, entre pour la première fois dans leur libre interprétation.

Peu de temps après le moment où florissait Kou K'ai-tche, Sié Ho critique et peintre chinois de la fin du ve siècle, formulait les six règles ou les six canons. Ils ont régi l'esthétique chinoise depuis cette époque jusqu'à nos jours et, d'autre part, la façon dont ils sont formulés, l'esprit qu'ils dégagent, éclairent d'une vive lumière l'histoire d'un art qui avait déjà réalisé dans les œuvres ce qu'un maître fixait alors dans les textes. On y voit

1. Voir planche n° VIII.

se réfléchir l'inspiration philosophique dont les éléments ont été retracés plus haut; la pensée laoïste les domine, non point la pensée bouddhique qui en reste absente.

Ces principes sont exprimés dans un langage extrêmement concis; on ne peut leur donner leur véritable sens qu'en les commentant par le système philosophique auquel ils appartiennent. On a tenté d'en donner ici une traduction qui dégage le plus exactement possible la conception inspiratrice du sens des mots.

1° *K'i yun cheng tong.* — La consonance de l'esprit engendre le mouvement [de la vie.]

2° *Kou fa yong pi.* — La loi des os au moyen du pinceau.

3° *Ying wou siang hing.* — La forme représentée dans la conformité avec les êtres.

4° *Souei lei fou ts'ai.* — Selon la similitude [des objets] distribuer la couleur.

5° *King ying wei tché.* — Disposer les lignes et leur attribuer leur place hiérarchique.

6° *Tch'ouan mou yi sié.* — Propager les formes en les faisant passer dans le dessin [1].

On ne peut comprendre les six principes essentiels de l'esthétique chinoise sans tenir compte de l'idée philosophique qu'ils renferment. Au contraire, le commentaire philosophique dégage un sens clair de leur apparente obscurité. C'est la conception du Tao qui se trouve à leur base. La consonance ou le rythme de l'esprit constitue l'élément créateur du mouvement de la vie. Son écoulement perpétuel n'est qu'une manifestation tangible de ce rythme qui remplit l'immensité. Le mouvement harmonieux de l'esprit engendre le perpétuel écoulement des choses; elles sont la conséquence de son action; elles disparaîtraient dans le néant s'il devait s'arrêter. Le peintre doit donc apercevoir avant tout, à travers le mouvement des formes, le rythme de l'esprit, le principe cosmique qu'elles expriment : au delà des apparences, il doit saisir le sens de l'universel.

1. Le sens de ces principes est discuté par les Chinois eux-mêmes. Je crois indispensable de donner ici, à titre de comparaison et d'information, les traductions de Hirth et de Giles. Hirth traduit : « 1. Spiritual Element, Life's Motion. — 2. Skeleton Drawing with the brush. — 3. Correctness of Outlines. — 4. The Colouring to correspond to Nature of Object. — 5. The correct division of Space. — Copying Models. » (*Scraps from a collector's note book.* Leyde, 1905, p. 58.)
Giles traduit : « 1. Rhythmic vitality. — 2. Anatomical structure. — 3. Conformity with nature. — 4. Suitability of colouring. — 5. Artistic composition. — 6. Finish. » (*Introduction to the History of Chinese Pictorial Art.* Shanghai, 1905, p. 24).

Mais lorsqu'il a saisi l'essence réelle des éléments du monde, il doit pénétrer dans les replis où le Tao se cache, au fond même des êtres et des choses. La loi des os, par le moyen du pinceau, c'est l'expression adéquate de la structure interne. Le peintre évoque ainsi le sens de la chose tangible ; il a à définir la structure essentielle qui donne à cette chose la personnalité transitoire où le principe éternel vient se réfléchir. Après avoir découvert le sens profond des apparences dans le lien qui rattache le rythme de l'esprit au mouvement de la vie ; après avoir conquis la possibilité de l'expression en touchant à l'essentiel de la structure interne, il peut aboutir à représenter la forme dans sa conformité avec les êtres qui peuplent le monde. Cette formule correspond à une très ancienne conception de la philosophie chinoise. La conformité parfaite d'un être avec sa nature ou avec le principe d'ordre universel qui est en lui constitue, lorsqu'il s'applique à l'homme, l'idée chinoise de la Sainteté. Par cette conformité, l'homme, le saint, devient l'égal du Ciel et de la Terre. C'est aussi par cette conformité que la forme peinte prend plus que la valeur d'une simple représentation. Elle devient une création véritable et, au moyen de l'œuvre d'art, se réalise dans le principe même du Tao. Car chaque être ou chaque chose représentés, étant en conformité avec sa propre nature, l'œuvre d'art devient l'image d'un monde parfait où les principes essentiels s'équilibrent dans une harmonieuse proportion. L'application des deuxième et troisième principes de Sié Ho devait conduire le peintre à l'étude de ce qu'il y avait d'essentiel dans les formes. Ainsi s'explique ce pouvoir vigoureux de synthèse propre à la technique des représentations extrême-orientales.

C'est comme une conséquence de cette recherche de la conformité des êtres ou des choses avec leur propre essence qu'intervient la formule du quatrième principe. La structure essentielle étant décelée, la forme parfaite étant définie, il reste à distribuer la magie de la couleur suivant la similitude essentielle de ces êtres ou de ces choses. La couleur vient revêtir de sa vie propre une structure où se sont dégagés déjà les principes éternels et l'action du Tao. Elle doit, elle aussi, évoquer, dans sa mesure et dans son choix, les éléments révélés. Lorsque ces conceptions sont bien établies sur l'individualité des formes, la composition de l'ensemble intervient. Elle doit disposer les lignes qui couvrent l'espace de la surface peinte en observant les lois immanentes du Tao ; une subordination philosophique s'établit de l'une à l'autre, une place et une seule convient à l'expression de l'esprit. Ainsi se constitue une hiérarchie déterminant le caractère général de la composition en subordonnant les divers éléments qui y participent ; le principe harmonieux de l'Univers vient trouver ici une expression qui s'achève.

Lorsqu'il a ainsi réalisé le Tao dans l'œuvre entière, l'artiste a fait une véritable œuvre de création. Les récits légendaires ne manquent pas qui racontent comment quelqu'image admirablement peinte de dragon, ou de génie, s'anima soudain sous le pinceau d'un maître et, quittant la soie ou le papier, disparut dans un tourbillon de nuées. C'est que quelque chose de magique s'attache à l'œuvre où s'exprime dans sa parfaite harmonie l'ordonnance même du monde. En réalisant ainsi des formes qui ne portent plus que l'essence invisible du Tao, en les subordonnant dans une composition qui respecte leur hiérarchie essentielle, l'artiste propage des modèles. Un absolu de perfection passe dans les œuvres où cet idéal se répète, retentissant d'un maître à l'autre comme l'écho d'une voix géante dont la noblesse et la gravité résonnent dans l'immensité du Monde.

Telle est la philosophie qui se dégage des six principes de Sié Ho. Formulée à la fin du ve siècle dans l'esthétique chinoise, elle montre qu'à ce moment où triomphait le Bouddhisme et où les effigies de ses dieux se multipliaient, c'est à l'ancienne tradition, purement chinoise, qu'allait s'informer un art dont de longs siècles de culture avaient défini la spiritualité. Cela seul suffirait à faire justice de l'absurde théorie qui donne à la doctrine indienne le rôle d'initiatrice. Au contraire, on comprend pourquoi, à passer à travers des esprits assouplis à la spéculation chinoise, les formes monotones du Gandhâra ont pris tout à coup ce caractère émouvant. C'est que la philosophie de la nature de l'ancienne Chine venait s'y réfléchir ; dans le sentiment de la pitié, la pensée, descendue des hauteurs irrespirables à la foule, trouvait un sens inattendu, mélancolique et très doux. Il devait briller dans des figures sans nombre de génies et de dieux ; il devait imprimer à la religion nouvelle un nouvel élan ; il devait exprimer enfin un rêve enfantin et séculaire en ajoutant aux grandes spéculations des philosophes le recueillement et l'espoir sans mesure des paradis entrevus à travers l'âme des humbles. La gravité trop sereine de l'esprit se fondit un jour dans la magie somptueuse des contes et des légendes.

CHAPITRE IX

L'ART CHINOIS APRÈS L'INTRODUCTION DU BOUDDHISME
LA PEINTURE DE PAYSAGE

La tradition chinoise était déjà fixée dans les œuvres qui avaient abouti au raffinement subtil d'un Kou K'ai-tche, au IVe siècle ou aux principes de Sié Ho, au Ve. Son originalité et son indépendance s'étaient puissamment affirmées. Il a suffi de les chercher dans leur philosophie inspiratrice pour en dégager toute l'unité. Si peu nombreux qu'ils soient, les documents que nous possédons suffisent à nous montrer l'art de la figure préexistant, en Extrême-Orient, à l'intervention du Bouddhisme. Dès lors, dans les plus anciens monuments qui nous soient accessibles, dans ces sculptures de Yun-kang, systématiquement relevées par M. Chavannes, nous pouvons entrevoir ce qu'a pu produire l'influence de l'art chinois mêlé aux éléments de la doctrine indienne. Contemporaines des œuvres auxquelles se réfèrent les six principes de Sié Ho, elles en gardent, dans une certaine mesure, le reflet. Elles montrent que la production bouddhique pouvait élargir le cadre des manifestations du sentiment et de la pensée. Mais elles ne masquent point l'unité de la marche qui devait conduire à la grandeur de l'art des Song.

Cependant la fusion des tendances nouvelles s'est accomplie. Les anciens livres parlent de peintres habiles dans la représentation des animaux et du paysage en même temps que des figures bouddhiques. D'autre part, les notes qu'a laissées le premier Wang Wei fixent d'une façon précise la clairvoyance avec laquelle le paysage était vu par les artistes du temps des six dynasties. Il parle du résultat merveilleux que l'on peut obtenir avec un tube de bambou et quelques poils lorsqu' « un peintre trempe son pinceau dans la couleur du tremblement de terre et de l'éclipse », — « à contempler les nuages de l'automne, dit-il, une exaltation s'élève dans l'âme ; à sentir l'élan du vent soufflant en tumulte, surgissent des pensées pleines de joie — qu'y a-t-il dans la possession de l'or ou des bijoux qui soit comparable à ces délices? Alors, si l'on déroule l'enveloppe, si l'on étend la soie et si l'on transporte sur elle les gloires des eaux et des bêtes, la verte forêt, le souffle des vents, l'onde claire qui tombe des cascades, comme en un tour de main, une divine influence descend sur le paysage. Ce sont là les joies de la peinture[1] ».

On voit, librement et clairement exprimé, le sens profond de la nature qui dirigeait d'une manière évidente l'art plastique. Pour aboutir à une clairvoyance semblable, d'esprit tout moderne et qui en Occident, sauf de rares exceptions, ne s'est établie comme un sentiment général qu'au xixe siècle, il faut une longue culture de l'esprit : l'histoire de la philosophie la dégage; mais il faut y joindre aussi, une longue culture des moyens techniques, la conquête progressive des difficultés soulevées par la traduction picturale du paysage et la souplesse acquise seulement lorsque les problèmes sont résolus. Cela nous mène à l'œuvre réalisée au viiie siècle par le second Wang Wei; elle comporte une réforme totale de l'art du paysage, une expression d'où l'on peut dater la perfection atteinte et le grand caractère qui s'affirmera au cours des siècles jusqu'à ce que, avec la chute des Ming, la décadence commence et que, peu à peu l'oubli se fasse sur les hautes conceptions du passé.

I

Les critiques chinois des grandes époques sont tous d'accord pour considérer la constitution de la peinture de paysage comme relativement récente. Un écrivain du xviie siècle, Kou Yen-wou, signale même avec netteté la différence qui existait entre l'art des premières périodes où le portrait gardait encore un caractère magique, où l'on prêtait aux peintures un sens d'édification qui n'a qu'un rapport lointain avec une préoccupation purement esthétique, et l'art des périodes plus récentes où l'on sort du fabuleux pour entrer dans l'activité clairvoyante et libre d'une civilisation maîtresse d'ellemême. « Les anciens, dit-il, dans leurs dessins et dans leurs peintures visèrent surtout à la représentation d'événements qui étaient faits pour l'admiration

---

1. Giles. *Loc. cit.*, p. 24.

ou l'intimidation du spectateur. » Il cite alors une quantité d'épisodes, relatifs surtout à l'histoire nationale, qui furent illustrés par des peintres de l'antiquité à travers diverses dynasties, jusqu'à ce qu'enfin, « avec le développement du style monochrome et du paysage, cette idée, telle qu'elle était conçue par les hommes du passé disparut tout à fait [1]. » Dans le *T'ou houei pao kien*, Hia Wen-yen, de la dynastie des Yuan (1260-1368) dit de son côté : « Les sujets religieux, les figures humaines, les bœufs et les chevaux, n'ont pas été aussi bien peints dans les temps récents que par les vieux maîtres ; d'un autre côté, les paysages, les arbres, les rochers, les fleurs, les bambous, les oiseaux et les poissons ont été mieux peints dans les temps modernes [2]. » Et Wang Che-tcheng, au xvi° siècle, résumait ainsi l'évolution qui avait caractérisé l'art chinois avant lui : « Entre les temps de Kou K'ai-tche et de Lou T'an-wei et ceux de Tchang Seng-yeou et Wou Tao-tseu, l'art de peindre les figures humaines subit un grand changement (évidemment il est ici question des figures bouddhiques et de l'influence de l'art religieux). L'ancien et le jeune Li (Li Sseu-hiun et Li Chêng) apportèrent un changement correspondant dans l'art du paysage. Un autre changement encore fut fait par King Hao, Kouan T'ong, Tong Yuan et Kiu Jan ; un autre par Li Tch'eng et Fan K'ouan ; un autre par Lieou Yuan, Li Long-mien, Ma Yuan et Hia Kouei ; et un autre par Houang Kong-wang et Wang Meng. Tchao Meng-fou qui était proche de la dynastie des Song, excellait dans la figure humaine ; Chen Tcheou, qui était proche de la dynastie des Yuan, excellait dans le paysage [3]. »

On voit comment, dans les textes originaux, se trouve retracée l'évolution générale de la peinture de paysage. En réalité, on peut dire qu'elle se constitue sous sa forme définitive entre le v° et le viii° siècle. Ce n'est point qu'elle ait été inexistante auparavant ; au contraire les choses de la nature avaient été traitées pour elles-mêmes dès une haute antiquité ; mais l'exploration des procédés et des techniques n'avait point abouti encore à la souplesse, à l'aisance, à la maîtrise. Il vient, après les périodes de recherche et de tâtonnement, un moment où l'art échappe enfin aux formules archaïques ; c'est ce moment qui se trouve défini par l'apparition des œuvres caractéristiques du viii° siècle.

Lorsque, à la fin du iv° siècle de notre ère, l'art de la peinture avait

1. Giles. *Loc. cit.*, p. 169-170.
2. Giles. *Loc. cit.*, p. 148.
3. Giles. *Loc. cit.*, p. 169.

atteint ce haut degré de développement, cette sensibilité raffinée, ce sentiment profond de la beauté que dévoile l'œuvre de Kou K'ai-tche, une longue évolution avait préparé l'intégration aux arts plastiques d'un sentiment de la nature exprimé déjà dans les vieux poèmes et dans les grands systèmes philosophiques du passé. La technique âpre et crue du paysage archaïque, tel qu'on peut l'entrevoir d'après le rouleau du British Museum, sous les influences de la philosophie tout entière, des doctrines bouddhiques et du sentiment populaire, devait évoluer vers des formes plus parfaites. C'est à l'époque des T'ang qu'apparaît Li Sseu-hiun auquel les critiques chinois rapportent la fondation de l'école du Nord[1]; Wou Tao-tseu que l'opinion unanime des orientaux met à la tête de leurs peintres, et enfin Wang Wei dont nous pouvons définir le style et caractériser l'art grâce à une œuvre peinte qui nous fournit, après celle de Kou K'ai-tche pour le IVe siècle, une pièce de comparaison. Comme Wou Tao-tseu, il est le fondateur d'un nouveau style; cette abondance soudaine de grands chefs d'école marque bien la valeur du moment dans la constitution de la peinture de paysage.

En même temps qu'un peintre et un technicien, Wang Wei fut un poète; il atteignit à une excellence telle que Sou Tong-p'o, un grand écrivain de la dynastie des Song, a pu dire : « ses poèmes étaient de véritables peintures, ses peintures de véritables poèmes. » Le sentiment dévoilé dans ses écrits est plein de douceur contemplative, de finesse, de subtilité; il apparaît avec l'acuité d'analyse la plus singulière dans ce fragment où l'on retrouve le peintre contemplant les aspects divers de la nature :

« Les cieux sont clairs ; les champs montrent au loin
Leur vêtement humide aux couleurs éclatantes et sans souillures ;
Regarde sur la route qui s'étend là-bas
Ce côté où le bac montre l'entrée du village,
Comme une silencieuse sentinelle ; de longues rangées d'arbres
La garnissent de chaque côté, avec de claires échappées
Au delà de l'étroite vallée.
  Le ruisseau cristallin
    Coule doucement, enlaçant la ferme et, en arrière,
La moindre colline domine les pics éloignés.
C'est une scène douce et active. Le temps des semailles appelle
De toutes parts les travailleurs au labeur de la terre,
Et les champs ensoleillés enfantent grâce au travail heureux
De l'homme[2]. »

1. Cf. Hirth. *Scraps from a collector's note Book*, p. 74.
2. Cf. Sei-ichi Taki. *On Chinese Landscape painting*. Kokka, n° 193, p. 331.

On trouve ici l'esprit apaisé de celui qui, après avoir connu le drame des guerres et des révoltes, contemple dans la solitude la vie paisible de la terre ; il la voit dans la beauté d'un naturalisme qui ne laisse rien échapper du caractère objectif, avec un attendrissement spontané, dégagé de toutes les pensées obscures et pour tout dire, si l'on veut s'exprimer à notre point de vue occidental, avec un esprit moderne. Ailleurs, ce sera la profondeur d'émotion que pouvait éprouver un artiste. Rien n'est plus poignant que son adieu au poète Meng Hao-jan, qui fut son ami.

« Descendus de cheval, buvant le vin d'adieu, nous avons échangé les dernières paroles,
    Alors, je murmurai : Ami cher, parle-moi, où vas-tu ?
    — Hélas, répondit-il, je suis las des maux de la vie,
    Et j'ai grand désir de reposer sur les monts du sommeil.
    Mais ne cherche pas à savoir où s'est égarée la trace de mes pas.
    Les nuages blancs doivent m'envelopper pour toujours : adieu [1]. »

Ces témoignages du poète suffiraient à faire deviner un grand artiste dans le peintre. Ils nous donnent une vision aiguë de la nature et, avec ces derniers vers, l'émotion qu'il faut pouvoir éprouver afin d'entrevoir les choses de la Beauté. Mais il nous reste le rouleau de soie peinte sur laquelle Tchao Meng-fou exécuta une série de peintures dans le style de Wang Wei. Jusqu'au jour où l'Extrême-Orient pourra nous révéler quelque tableau encore inconnu des grands paysagistes de l'époque des T'ang, c'est par ce reflet tardif d'une œuvre admirable que nous pourrons juger de ce qui fut fait à ce moment où les peintres chinois abordaient la représentation du paysage avec la souplesse d'une technique nouvelle et la fraîcheur exquise de leur première vision.

Tchao Meng-fou fut un grand peintre de la dynastie des Yuan. Le fait même qu'il s'exerça à reproduire le style de Wang Wei et qu'il le mentionna lui-même sur le rouleau du British Museum, montre quelle profonde influence l'art de ce maître avait exercée par delà les siècles et légitime la tradition qui l'oppose à Li, fondateur de l'École du Nord, comme le fondateur et le chef de l'École du Sud.

Le rouleau du British Museum comprend une suite ininterrompue de paysages. Des vallées verdoyantes, parmi des montagnes escarpées et sauvages, des ruisseaux et des torrents, s'écoulant à travers les rochers, des arbres disséminés, des bouquets de bambous dont on sent les feuilles frémis-

---

[1]. Cf. Giles. *Loc. cit.*, p. 50-51, et *id.*, *Chinese litterature*, p. 150.

santes agitées par le vent, des chaumières, des édifices, des toits de maisons villageoises aperçues dans la verdure, tout cela se succède jusqu'à ce que le sol tourmenté s'arrête devant la mer ouverte.

Il est impossible de donner, dans une description, une idée du charme qui se dégage de cette œuvre. Une reproduction, par les moyens usités en Europe, n'y suffirait pas. Il faut avoir suivi, sur l'original même, la magie des apparences évoquées pour en rapporter un souvenir ineffaçable. La dégradation des tons s'établit avec une subtilité indicible. Des couleurs de lapis et de turquoise dont la substance transparente revêt le sommet des montagnes, on descend, par des étapes insensibles, aux vallées verdoyantes, aux bambous bruissant sous le souffle du vent. Dans le fond des vallées, des vapeurs exhalées du sol estompent les formes, s'égarent en fuites voluptueuses; le feuillage des arbres, d'une finesse exquise, y transparaît parfois et, par delà la chaîne des montagnes toutes proches dont le profil s'étage au-dessus des plaines, on devine une ligne lointaine de sommets perdus dans la brume. Le clair-obscur qu'atteint le maître chinois, la subtilité de son style, la douceur de sa rêverie font songer à ces lointains bleutés où Léonard estompa les crêtes rocheuses des régions dolomitaines, dans le caprice cristallin de l'aérienne substance. Enfin la fuite des plans développe une perspective déterminée autant par le rapport des formes que par les dégradations du ton; les ressources du clair-obscur s'affirment dans la partie maritime, d'une profondeur brumeuse, où monte l'effet subtil d'une atmosphère à peine perceptible et chargée de vapeurs. C'est bien le commentaire plastique de l'ancienne conception chinoise qui oppose les terres et les eaux et qui, dans la montagne et dans l'océan, voit l'incarnation des deux principes énormes dont le travail anime l'univers.

II

Le Japon possède, cependant, d'autres éléments, par lesquels nous pouvons nous faire une idée de ce que fut l'art de l'époque des T'ang. La Zennyo Ryôwô des temples du Koyasan[1], évoque la majesté des figures construites non sur le type bouddhique, mais sur les anciennes formules venues de l'époque des Han[2]. A l'Exposition anglo-japonaise de Londres, en 1910,

---

1. Cf. L'ouvrage anglo-japonais, *Art Treasures of Koyasan Temples*, planche 3 et p. 1. — Tokyo, 1910.
2. Cf. R. Petrucci. *Notes sur l'Archéologie de l'Extrême-Orient. Les documents de la mission Chavannes. Revue de l'Université de Bruxelles*, avril-mai 1910, p. 495-496.

on pouvait voir une Juichi-mien Kwannon de la collection du marquis Inoyé, où la figure de la déesse, pareille aux sculptures de Yun-kang, se dresse sur un paysage admirable. Ces formes lointaines ne sont plus qu'une ombre, un souffle presque impalpable, mais combien majestueux ! Parmi des montagnes abruptes, une énorme cascade s'écoule, tandis que des arbres déploient, par place, leur membrure géante. On y trouve un sentiment austère et grandiose de la nature où se reflète ce sens philosophique que Sié Ho avait formulé. Le caractère archaïque et chinois de la figure, les singularités du style font certainement remonter au VIIIe ou au IXe siècle cette œuvre où nous trouvons le reflet de la pensée chinoise.

Les collections du temple de To-ji nous révèlent un monument du même ordre. C'est un paravent à six feuilles, seul survivant d'une de ces paires de paravents où la secte Mantra figurait les montagnes et les eaux et qui jouaient un rôle symbolique dans la cérémonie de l'initiation. La tradition dit qu'il fut rapporté de Chine par Kôbô-Daishi, et la tradition semble bien dire vrai. Par tous ses caractères, l'œuvre, dont on peut voir un fragment reproduit d'autre part[1], se rattache à l'art chinois du VIIIe et du IXe siècle. Des critiques japonais, cependant, l'ont considérée comme peut-être japonaise et comme pouvant être une copie ou une imitation d'un original chinois perdu. Ils se fondent, pour soutenir cette opinion, sur la ressemblance que la technique des formes végétales présente avec des œuvres japonaises de l'école Yamato, à l'époque Fujiwara. Cependant, quand on a vu les peintures des missions Stein et Pelliot, il est difficile de ne pas établir un lien direct entre le caractère de certaines peintures provenant du Turkestan chinois, et ce chef-d'œuvre lointain. Quoi qu'il en soit, le style chinois de l'époque des T'ang s'y grave dans les costumes, dans les figures, dans le paysage. Cet homme qui s'avance, avec sa suite, vers la hutte d'un solitaire, a le calme, le recueillement et la piété des images de donateurs bouddhiques de Touen-houang ; mais, comme dans les peintures de Touen-houang, tout y est purement chinois. Quant au paysage, il déploie la majesté des montagnes et le mystère des eaux. Le terrain dont les ondulations sont soulignées, à la manière de Wang Wei, par une teinte verte dégradée vers les fonds, aboutit à l'étendue marine d'où surgissent au loin de nouvelles montagnes. Des arbres aux formes élégantes et graciles, aux fleurs exquises, au feuillage léger, se dressent dans la majesté de la solitude. Ils répètent ce charme

[1]. Voir la Planche 1.
[2]. Kokka, n° 187, p. 172.

subtil, ce rêve indistinct et visionnaire qu'évoque aussi la peinture de Tchao Meng-fou.

III

Ainsi, les éléments avec lesquels nous pouvons juger aujourd'hui, l'art de la figure, au IV° siècle avec Kou K'ai-tche, l'art du paysage, au VIII°, avec Wang Wei, révèlent une puissance inattendue, une beauté parfaite, telles qu'elles ne peuvent avoir été conquises qu'après des efforts séculaires. La période de constitution est maintenant close. Une production majestueuse va commencer.

Aux temps où se produisait cette révolution profonde dans l'art du paysage, les contemporains des grands initiateurs, poursuivant le mouvement même au milieu duquel ils avaient surgi, s'attachaient pour la plupart au côté purement technique. C'est cette ardeur à la recherche, cette observation rigoureuse qui, dans l'histoire orientale comme dans l'histoire occidentale, succèdent aux conventions de l'archaïsme et préparent l'apogée d'un art. Il semble que toute l'époque des T'ang se soit ressentie de cette recherche ardente. Et lorsqu'apparaît, avec la nouvelle dynastie des Song, la renaissance philosophique et sociale de la Chine ; lorsque la vieille philosophie fond, dans un nouveau système, les influences diverses qui se sont exercées dans l'Empire ; lorsqu'enfin la culture de l'esprit s'établit sur une base synthétique de tout ce qui avait gravé son action dans la pensée chinoise, on voit apparaître, avec un sens de la nature positif et grandiose, un art du paysage où les germes, mûris durant tant de siècles, devaient aboutir à leur complet épanouissement. L'équilibre est établi maintenant entre la vigueur, la puissance, l'exaltation d'une pensée comme celle de Lao-tseu et de son école, et les moyens par lesquels une inspiration aussi puissante pouvait diriger les arts plastiques. Alors s'ouvre cette période durant laquelle, pensant en philosophes, découvrant, avec cette intensité que donne le sentiment lorsqu'il se mêle à l'intelligence, l'immensité des apparences naturelles et l'unité cachée sous leur réalité multiforme, les peintres des Song et des Yuan pouvaient trouver dans leur art le moyen d'exprimer ces choses sans faillir à l'audace sublime qui dirigeait leur vision. Ils étaient libérés de toutes les servitudes. Ils ne cherchaient plus la vigueur du trait ou son expression dans une parenté décevante avec la calligraphie, ils avaient construit leur perspective et leur clair-obscur, fouillé la structure des formes, exploré les singularités du monde. Ils étaient leurs propres maîtres, ils possédaient le moyen d'expression le plus puissant qui fût jamais et d'autre part, ils n'avaient point perdu le contact de cette pensée admirable fixée par l'esprit philosophique de la Chine. Au moment où l'on coordonnait et où l'on refondait les vieux systèmes, les peintres apparaissaient justement comme leurs commentateurs les plus audacieux, prolongeant par la magie du sentiment et le pouvoir de la Beauté ce que l'intelligence et la raison impuissantes ne pouvaient plus définir qu'à demi.

Alors s'ouvre cette période triomphale qui va des Song aux Yuan et des Yuan aux Ming; elle couvre quatre siècles d'une suite ininterrompue de chefs-d'œuvre. L'équilibre puissant, ce calme dans la grandeur qui caractérisent dans tous ses domaines l'œuvre de la Chine, demeurent durant toute la période des Song. Plus tard, avec les Yuan, les difficultés traversées par l'Empire et aussi, une renaissance de la pensée bouddhique apportent dans l'art du paysage une abondance d'idées mystiques inconnues de la période précédente. En même temps, on sent un fléchissement se produire dans l'art lui-même; la convention apparaît et son influence néfaste s'établit lentement dans la composition nouvelle. Enfin, durant la dynastie des Ming, l'art subit des changements qui ne sont pas tous favorables. Dans les premiers temps de la dynastie, on suit les maîtres des Song, mais ensuite, sous l'influence de Tong K'i-tch'ang retournant aux principes de la calligraphie, on voit se développer un style propre à cette époque et qui mène vers ce goût des couleurs éclatantes et du maniérisme avec lequel s'ouvrira la décadence. La composition du paysage devient compliquée, elle est surchargée de scènes nombreuses qui loin d'ajouter à l'effet, le diminuent et appauvrissent la puissance de l'expression. A la surcharge s'ajoute la minutie du trait qui prend une froideur appliquée et « classique » dans le mauvais sens du mot; enfin, l'on tombe dans le manque de naturel et le maniérisme qui deviennent de plus en plus prédominants[1].

Ainsi donc, la période antérieure aux Song prépare l'apogée de l'art du paysage, la période qui suit prépare sa décadence. Mais, durant quatre siècles, l'art de l'Extrême-Asie rayonne dans une gloire qui ne fut jamais dépassée. A ce moment, la pensée chinoise a touché, dans le domaine de la

---

1. Cf. Sei-ichi Taki. *On Chinese Landscape Painting*. Kokka, Tokyo, 1906.

plastique, à ces sommets vertigineux qu'elle avait atteints dans son œuvre philosophique. Il n'est pas indifférent que cette époque mémorable ait correspondu justement à celle où les philosophes donnaient leur dernière forme aux spéculations puissantes des vieux sages. Elles se desséchaient dans les mains des lettrés. Elles vivaient encore, pleines de jeunesse, dans l'âme des peintres. L'évolution poursuivie durant de longs siècles, par des voies parallèles, venait ici créer l'unité souveraine, celle qui demeure dans l'admiration des hommes parce qu'elle se réalise au sein de la Beauté.

CHAPITRE X

LA CONSTITUTION ET L'ÉVOLUTION DE LA PEINTURE AU JAPON

Lorsque le Bouddhisme apparut au Japon, il n'y rencontrait point, comme en Chine, la puissance d'une grande civilisation ni les effets d'une longue culture. Il touchait aux extrémités de l'Asie ; les flots du Pacifique baignaient les échancrures rocheuses des côtes ; perdu sur les confins de l'océan désert, l'Empire insulaire ne devait connaître qu'une civilisation tardive et dont les éléments ne pouvaient lui venir que du continent voisin. La doctrine indienne apportait avec elle, et d'un seul coup, non seulement son contenu propre, mais encore les influences subies durant son long voyage à travers l'Asie.

I

Le Japon ne connaissait alors que de grossières statuettes funéraires, d'argile cuite, et il conservait encore dans sa légende le souvenir des temps où l'on immolait sur les tombeaux des victimes humaines. Les dessins décoratifs des anciens sarcophages appartiennent à ce cycle de représentations symboliques qui accompagnent les manifestations de la pensée durant l'âge de la pierre et dont on trouve les prototypes sur les galets coloriés du Mas-d'Azil. Cependant, le Japon primitif avait déjà formulé les mythes du Shinntô. La grande religion naturiste le mettait en contact étroit avec les choses du monde ; devant l'arbre ou la montagne, il se recueillait pieusement, et, dans les solitudes impressionnantes, au fond de l'horreur sacrée des grands bois, sous les cryptomérias gigantesques, il avait édifié le temple shinntô, étrangement pareil à la hutte polynésienne, où la gravité, le silence, la nudité du sanctuaire, suffisaient à émouvoir.

Dès le premier siècle de notre ère, le Japon avait eu des contacts avec le continent ; il avait pu entrevoir certains éléments de la culture chinoise. Mais lorsque, aux grossières statues d'argile, aux temples de bois, nus et tristes, s'opposa l'effigie du Bouddha avec son sourire calme et profond, sa forme entière dressée devant un nimbe d'or, alors et pour la première fois, le Japon eut la révélation de ce qu'étaient le rêve mystique, l'extase et la foi.

Il n'est pas étonnant qu'un peuple sans culture ait été tout d'abord frappé par la religion. Elle lui apportait l'activité sentimentale de l'âme, l'émotion directement surgie ; elle faisait appel à la sensibilité de l'homme, non point à sa réflexion ou à son savoir. Elle ne lui demandait pas des connaissances antérieures ; elle lui apprenait un plan du monde et de l'au-delà plein d'un mystère magique, dont le charme pénétrant offrait à des esprits, encore proches des sauvageries primitives, le repos et le bonheur.

Dès lors, la première impression marquée dans l'évolution de l'art japonais appartient à l'influence de la doctrine indienne. Elle lui a appris les formes de son art ; dans ces idées que le Shinntoïsme avait fixées, elle a trouvé l'appui indispensable pour développer son sens de la nature, sa familiarité avec la totalité des choses et des êtres du monde, sa calme contemplation de l'univers entier. Ce n'est point dans la masse profonde du peuple que le Confucianisme ou le Laoïsme ont pu prendre racine. Venus en même temps que le Bouddhisme, ils occupent une place à part ; ils ne pénètrent dans la pensée japonaise que peu à peu, à mesure que la culture s'étend. Du reste, la philosophie chinoise se transforme dans l'esprit léger, poétique et charmeur du Japon. Elle s'y transforme comme l'art même y transformera la discipline et la vigueur chinoises ; elle n'est point à l'origine d'une activité plastique qui se développe d'abord sous l'influence religieuse et qui doit ensuite lui échapper.

Si l'on examine les anciens monuments de l'art au Japon, on voit se dégager avec netteté le rôle initiateur de la doctrine indienne. L'art bouddhique apportait avec lui une influence d'origine gandhârienne, mais transformée par l'emprise du génie chinois. Quand on étudie avec soin les productions de l'ère Suiko, on est frappé d'un dualisme qui se grave dans les œuvres. Les unes, la plupart des sculptures en bois, gardent quelque chose d'un style purement indien, avec l'amour des courbes harmonieuses, des corps étirés dans le dessin même des écharpes et, aussi, une polychromie un peu brutale, que le temps a atténuée. Les autres, au contraire, se rapprochent à tel point des sculptures de Yun-kang, sur lesquelles nous sommes bien renseignés depuis le relevé systématique de M. Chavannes, que, pour certaines d'entre elles, on se trouve tenté d'y reconnaître des bronzes directement importés de Chine. Dans les peintures du tabernacle de Tamamushi, au temple de Horyu-ji, qui datent du vi^e ou du viie siècle, et jusque dans l'architecture du temple, on retrouve des éléments influencés par le style classique occidental. Il semble que le style chinois des Wei du nord coexiste avec un style d'origine plus lointaine venant directement des régions où s'était formé le style gréco-bouddhique et que des prédicateurs audacieux emportaient, avec eux, à la conquête du monde.

On peut reprocher aux figures de l'ère Suiko les attitudes conventionnelles d'une période archaïque, la disproportion des membres, un parallélisme monotone dans les plis des draperies. Ce sont les hésitations d'un génie qui se cherche à travers la matière rebelle. La profondeur de l'inspiration fait oublier l'immaturité technique, et son charme reste tel que, même après l'influence de la culture chinoise des T'ang, l'art de l'ère Suiko laisse sa trace et contribue largement à la formation du style postérieur.

Au Japon comme en Chine, la peinture de portrait atteignit son apogée avant la peinture de paysage. La première activité de l'art porta sur la représentation des figures religieuses de Bodhisattvas et de saints ; plus tard seulement, le sentiment de la nature a fini par s'exprimer en réalisations plastiques. Le Bouddhisme était alors à son apogée. Devenu religion d'État, il prêchait une doctrine où l'on reconnaît un mélange d'idées confucéennes sur la conception religieuse de l'État et des idées d'origine shinntoïstes relatives à une magie primitive. On sculptait des statues pour obtenir la protection des dieux dans les choses temporelles, mais, dans la représentation des divinités supérieures, l'inspiration philosophique se faisait profondément sentir. On y fixait l'expression du *Yemman*, le recueillement de la vertu universelle et parfaite, de cet oubli de soi, de cette communion avec le Principe infini dont le Laoïsme avait déjà pratiqué la recherche. Un portrait célèbre du prince Shotoku-Daishi, le grand protecteur du Bouddhisme, peint au viie siècle, les fresques du temple de Horyu-ji, qui ne sont certainement pas postérieures au viiie, donnent une idée de ce qu'était l'art de cette époque, subtil, raffiné, profond, avec, dans la composition des fresques, cette aisance et cette clarté qui sont le propre du génie japonais.

A ce moment on sent l'influence de l'art chinois du viie, du viiie et du ixe siècles. C'est lui qui établit entre les peintures trouvées par les missions Stein et Pelliot à Touen-houang, dans l'extrême-ouest du Kan-sou et les monuments du Japon à la même époque, des ressemblances si frappantes. Les peintures sont distribuées suivant la même ordonnance, avec une identité de style indéniable et, sur certaines bannières de Touen-houang, on retrouve, dans les représentations d'édifices, cette architecture spéciale à l'époque Nara, qui occupe, au Japon, tout le vııı^e siècle.

II

C'est au ıx^e siècle, durant la période Heian, que des tendances purement japonaises commencent à s'affirmer. C'est à ce moment aussi que l'on voit se développer l'art du paysage. Il prend son élan sous l'influence des sectes bouddhiques. Le croyant voit dans la nature l'image harmonieuse de la souveraine sagesse ; à travers les misères des six mondes du désir, il découvre la pensée divine et la miséricorde du Bouddha suprême. On recherche, pour les temples et pour les monastères, des sites montagneux où la nature auguste se livre dans toute sa magnificence ; le temple lui-même reproduit dans sa structure le plan mystique de l'univers. Aux cérémonies baptismales comme aux cérémonies d'initiation, on déploie des paravents qui évoquent les sites naturels. Ils représentent les éléments du monde, les montagnes et les eaux, l'harmonie des principes cosmiques de la vieille philosophie chinoise qui vient prendre ici le vêtement somptueux de la religion nouvelle. Les aspects majestueux de la nature encadrent les figures bouddhiques jadis représentées dans des attitudes sculpturales, toutes droites sur un fond uni. Le paysage exprime, parfois à lui seul, la grandeur du sentiment, la profondeur de l'émotion, le recueillement et la prière : toute la magie du rêve mystique.

Poussées à l'extrême, dans le fléchissement des mœurs, ces idées conduisent à une décadence élégante, pleine de raffinements morbides et subtils ; cependant, le Japon des provinces guerrières préparait, à ce moment même, un nouvel élan de l'inspiration philosophique. Ces soldats barbares qui écrasèrent de leur poing de fer la civilisation épuisée de la capitale, en transportant de Kyoto à Kamakura le centre de l'État, fixaient le point de départ d'une ère nouvelle. Du xııı^e au xve siècle, grandit dans ces cœurs sauvages un idéal très noble et très pur. La secte Zen, développée en Chine, y avait absorbé nombre d'idées laoïstes. Ce sont ces idées qu'elle transporte au Japon où elles se transforment en un stoïcisme inflexible dans ces rudes âmes de guerriers. A ce moment, de nouveaux rapports avec la Chine ont transmis au Japon la culture philosophique du temps des Song, son art informé aux anciens rêves de l'esprit, la magnificence de son idéal esthétique. Sous ces influences, au Japon aussi, on découvre dans l'écoulement des choses, les formes diverses et momentanées d'un principe universel. L'expression de l'esprit saisi à travers les apparences devient le plus haut et le plus conscient effort de l'art national. Il ne comporte ni l'ascétisme du moyen âge chrétien, ni le paganisme idéalisé de notre Renaissance. Il prend plutôt le sens d'un monisme panthéiste par sa conception de la spiritualité considérée comme l'essence même de la vie : l'âme éparse du monde anime les choses les plus infimes de son souffle caché.

La conception de la beauté s'identifie à celle du Principe éternel, elle suit la prédication de la secte Zen qui rattache l'âme individuelle à l'âme universelle ; par la méditation, la contemplation et l'extase, elle cherche ce moment d'exaltation où la pensée retrouve en elle-même, manifestée dans le particulier, le sens de l'universel.

Cette philosophie d'origine complexe, exprimée par l'idéal alors triomphant de la secte Zen, domine la mentalité japonaise de ce temps. On recherche l'art non point dans l'apparence luxueuse, mais dans l'intimité des choses. Les plus grands seigneurs se complaisent dans des demeures qui, à première vue, ne sont point différentes de celles des paysans. Mais les proportions harmonieuses en ont été établies par le génie de Toba Sojo ou de Sôami ; les colonnes de bois sont faites des essences odorantes de l'archipel indien ; les têtes de clous et les tenons de fer sont des merveilles d'art établies sur le dessin d'un Sesshiu. Cette austérité dans l'apparence, cette recherche raffinée dont l'idéal est très pur, se font sentir dans la peinture comme dans l'architecture, qu'elle soit religieuse ou laïque, dans la composition des jardins où l'on cherche soit à suggérer des pensées pieuses, soit à commenter un état d'âme ; elle se prolonge dans l'art des fleurs où s'expriment des idées cosmologiques et philosophiques fort anciennes en même temps que des recherches modernes, subtiles et rares. La préoccupation de s'entourer de formes admirables conduit à désirer la beauté jusque dans les communs ustensiles de la vie de chaque jour. Ainsi se trouve réalisée, à toutes les heures de l'existence humaine, cette conception que la beauté s'identifie à la vie, à l'âme des choses, et que, dans la retenue et l'austérité avec laquelle on la traduit, on suggère le secret mystérieux de l'Infini.

Ces mêmes tendances se font jour dans la peinture. On abandonne la couleur raffinée, les courbes harmonieuses, l'élégance des formules bouddhiques du xiie et du xiiie siècle. A la suite des maîtres chinois des Song, on se complait dans la peinture monochrome. On recherche un dessin large et franc, la netteté du trait, la force, la puissance écrites dans la trace du pinceau. Dans le ton, c'est un clair-obscur plein de mystère et dont l'austérité ajoute encore à la valeur de suggestion. La peinture n'est plus une représentation ; elle est un commentaire prestigieux de l'Univers. La composition apparaît comme la création même d'un monde surgissant dans la rêverie d'un maître ; elle comporte les mêmes lois et la même harmonie qui caractérisent la vie ; bien plus, elle prête à l'œuvre même une vie mystérieuse et cachée. Il n'y a rien de supérieur ou d'inférieur, de noble ou de trivial. La représentation d'un dieu a autant d'importance que la représentation d'une fleur ou d'une tige de bambou. Partout se grave le reflet de l'âme qui palpite dans l'infini du monde.

III

Mais l'esprit ne se maintient point à ces sommets sublimes. La même tempête qui emporta le système politique des Ashikaga devait emporter aussi le hautain idéal des guerriers. Le xvie siècle correspond à un âge où le besoin du luxe extérieur prend la place de la pensée austère. Les nouveaux seigneurs, portés au pouvoir avec les Tokugawa, représentent un élément dont la culture plus grossière s'attache au faste et à l'ostentation. L'influence de la Chine du xviie siècle se fait sentir sur l'empire insulaire. Le grand élan philosophique du passé, s'il s'était arrêté dans la froide métaphysique d'un Tchou Hi, dominait encore la peinture du temps des Song. A ce moment, la peinture, avec son inspiration grandiose et sa sublimité, s'arrêtait à son tour dans la formule académique, éclatante et glacée, de la dynastie Ming. Au Japon comme en Chine, l'art devient remarquable par sa richesse et par son éclat ; au Japon comme en Chine, il perd en valeur profonde ce qu'il gagne en apparence. C'est le moment où s'exprime le génie facile des Kano.

Mais, à ce décor prestigieux dont ils couvrent les murailles, s'oppose l'idéal puissant de Koêtsu, de Sôtatsu et de Kôrin. C'est la pensée austère de Zen qui les dirige encore dans leurs simplifications audacieuses. Ce sont, parfois, des couleurs éclatantes, appliquées par masses, sur fonds d'or; parfois, une sobriété admirable dans le monochrome où le trait, en apparence stylisé, répond, cependant, à une sensibilité vibrante où s'évoquent les formes essentielles de la vie.

L'esprit philosophique a dirigé ainsi jusqu'à son dernier terme l'évolution de la peinture japonaise. L'empire insulaire ne connut point l'oubli des anciens principes ni la décadence académique de la Chine, mais il connut une évolution qui, cependant, devait conduire les anciennes formules inspiratrices à leur point mort. La transformation de l'Empire, au XVIIe siècle, devait en provoquer l'éclosion. La noblesse n'a ni l'idéal hautain, ni la culture de ceux qu'elle a remplacés. De basse origine, elle se complait dans un luxe extérieur; elle aime des représentations plus directes et moins chargées de pensée; l'école Kano, qui exprime l'époque, se trouve ainsi entraînée elle-même à des essais annonciateurs de l'école vulgaire.

IV

Un caractère nouveau devait apparaître avec l'Oukiyo-yé. La conception d'un monde des formes au delà desquelles flotte l'unité d'un Principe absolu, la structure philosophique des apparences, la révélation de l'ignoré par les formes prochaines, tout cela demeurait enfermé dans les grands paysages d'un Sesshiu comme dans les premiers efforts des peintures religieuses du Yamato. Au XVIIIe siècle, ce grand souffle inspirateur est épuisé. La nature est vue alors pour elle-même, avec son caractère pittoresque, son aspect concret, au delà duquel la pensée du peintre ne cherche rien, satisfaite de la beauté des choses prochaines et de l'harmonie qu'il y peut découvrir. De toute la peinture de l'Asie orientale, c'est l'école qui se rapproche le plus, dans ses œuvres, de nos conceptions européennes; aussi fut-elle la première et demeure-t-elle peut-être la seule vraiment comprise chez nous. Elle est restée particulière au Japon qui poursuivait son évolution indépendamment de la Chine dont l'art demeurait enfermé dans des productions inférieures aux grandes époques d'autrefois.

L'Oukiyo-yé est un art essentiellement populaire. C'est justement à cause du côté immédiat de sa conception qu'il s'est vu rejeté par les grands amateurs de l'Asie. Il ne peut être que limité pour des hommes qui cherchent, dans les formes de la nature, les révélations infinies de la tradition chinoise, et l'on doit comprendre que cette limitation lui prête, à leurs yeux, quelque infériorité. Du moins l'opinion exprimée, au Japon même, sur l'école vulgaire comporte-t-elle certaines affirmations de ce genre. Elles ont été, du reste, mal comprises en Europe où on les a considérées comme la réaction de l'esprit classique devant les écoles réalistes. La vérité est tout autre, il convient de se bien pénétrer de l'histoire et de l'évolution de l'art pour l'entrevoir.

En effet, les anciennes écoles cherchaient dans l'expression classique cette forte structure philosophique que la tradition chinoise avait fixée ; les peintres de l'école vulgaire au contraire, ne se sont attachés à rien d'autre qu'à donner une image vivante du monde extérieur. Il est difficile de dire jusqu'à quel point le contact des peintures européennes importées par les Hollandais a pu exercer son influence sur cette nouvelle conception. L'art européen n'avait pu entamer l'art chinois lorsque les Jésuites du xviie siècle essayèrent de l'introduire à la cour de Pékin. Au Japon, au contraire, curieusement étudié par des maîtres comme Okio, Shiba Kokan, le maître d'Hokusaï et Hokusaï lui-même, il ne fut point sans action. Il semble, cependant, que cette influence n'ait guère dépassé l'emploi de quelques moyens techniques, comme, par exemple, la perspective monoculaire. Le secret même du développement de la nouvelle école réside dans ce fait que la culture échappe aux hautes classes et que, ayant pénétré dans les classes moyennes comme dans la masse populaire, elle appelle des réalisations qui soient accessibles à ces nouveaux venus. Les idées philosophiques, les théories religieuses, sont trop subtiles pour alimenter l'art populaire et, d'autre part, l'aspect de la vie qui s'écoule, avec ses éléments bruyants, violents ou recueillis, apporte une mine inépuisable à ceux qui la contemplent avec un esprit dégagé de la vieille culture et qui s'arrêtent aux réalités les plus prochaines. De là vient la maîtrise d'Okio saisissant le style nouveau des formes dans leur puissance objective ; d'Hokusaï poursuivant avec une vision d'une acuité prodigieuse le mouvement vertigineux de la vie, depuis l'animal le plus infime jusqu'aux foules humaines; d'Hiroshighé, enfin, qui devait donner à l'école vulgaire son plus grand peintre de paysage.

La tendance dans laquelle s'engageait l'Oukiyo-yé, conduisait cette école à abandonner l'idéal profond que les classiques avaient enfermé dans leurs représentations de la nature. Les usages et les aspects de la rue, des grandes routes de l'empire, des champs cultivés et des villages de paysans ou de pêcheurs, menaient le peintre à toute autre chose. Ce sont alors les aspects de leur pays, les coins de nature les mieux connus, les routes du Tokkaïdo ou de l'Hokkaïdo, les multiples aspects du Fuji, les vues de la banlieue de Yedo, que l'on voit se multiplier dans l'œuvre de Hokusaï et de Hiroshighé. Au lieu de rechercher ces paysages montagneux que les maîtres chinois avaient exprimés avec tant de noblesse et de grandeur, les nouveaux peintres vont à la nature toute proche et trouvent dans les aspects de leur propre pays les sujets d'une inspiration qui ne s'écarte guère de l'élément objectif. Une véritable révolution se produit dans l'art du paysage, dans l'art de la peinture tout entière. Si l'on a pu rendre évident dans les pages qui précèdent le lien existant entre la culture philosophique ou religieuse et l'expression plastique, l'importance de ce changement ne peut plus échapper. L'impulsion philosophique, à cet instant de l'histoire, a fléchi devant l'inspiration naturelle. Au lieu d'épuiser, comme la Chine, l'ancienne tradition, le Japon la renouvelait par le contact direct de la vie dans tout son mouvement, dans tout son désordre, dans toute sa puissance aussi, lorsque l'Europe est entrée en contact avec lui. Ce qu'a été la crise terrible par laquelle s'est ouverte l'ère du Meïdji, ce que sera l'art nouveau qui surgira après le fléchissement de la grande révolution, toute récente encore, l'avenir le dira. Pour le moment, nous pouvons noter qu'après avoir dirigé durant plus de quinze siècles l'évolution de la peinture dans l'Extrême-Orient tout entier, la culture chinoise restait encore assez féconde pour laisser au peuple qui l'avait adoptée dans les îles orientales la puissance de se renouveler et de se mettre en marche vers de nouvelles destinées.

CHAPITRE XI

LA PEINTURE DE PAYSAGE ET LA TECHNIQUE

Les pages qui précèdent ont résumé l'évolution de la peinture de paysage en Chine et au Japon sous la domination de ce contenu, philosophique ou religieux, dont on a tenté plus haut de définir la nature. Il est temps maintenant d'aborder, en dehors de ce cadre historique et au point de vue de l'esthétique pure, ce que fut la réalisation plastique de l'Extrême-Orient. Il faut voir jusqu'à quel point la peinture a pu donner le reflet de ces méditations qui dirigèrent l'histoire de la pensée chinoise. Elle avait, pour aboutir à ce résultat, des moyens qui lui étaient spéciaux, aussi bien dans la technique que dans l'inspiration. A définir d'abord les caractères de la technique même, on se prépare à aborder avec l'esprit fait aux expressions nouvelles, tout ce monde subtil et prodigieux qui jaillit de l'œuvre des vieux maîtres : il donne de l'âme humaine reflétant les images du monde, les tableaux les plus admirables et les plus chargés d'émotion.

I

On peut considérer que l'art du paysage était constitué d'une manière définitive au vIII^e siècle lorsque Wang Wei formulait les préceptes qu'il laissait à ses élèves. On peut entrevoir la nature de l'évolution poursuivie pour aboutir à un semblable résultat si l'on compare le paysage du rouleau de Kou K'ai-tche au British Museum, avec le paysage exécuté par Tchao Meng-fou, dans le style de Wang Wei. Tandis que, dans l'un, on aperçoit la recherche, et l'hésitation d'un premier effort, dans l'autre, au contraire, la technique a conquis toutes les subtilités de l'expression ; rien ne manque, des sensibilités les plus exquises et les plus fugitives jusqu'aux aspects de puissance et de grandeur. On possède là un témoignage de ce que fut cet art du paysage lorsque, capable enfin de commenter la pensée des philosophes, maître d'une technique qui s'élevait à la hauteur de l'inspiration, il ouvrait ces siècles glorieux durant lesquels les rêves des poètes et des solitaires allaient se revêtir de formes plastiques.

Dans les six règles que Sié Ho formulait à la fin du ve siècle, on a vu combien l'inspiration philosophique gouvernait une technique qui s'était, pour ainsi dire, décalquée sur elle. Les moyens avaient été conquis à travers les spéculations de l'intelligence ; ils devaient avoir nécessairement atteint leur développement lorsque Sié Ho en fixait les règles essentielles. Dans ces sortes de choses, la connaissance effective précède les codes et les formules ; on peut même dire qu'elle les détermine.

Lorsque les maîtres du paysage, en Chine, créèrent ces images admirables où se reflétait une puissante philosophie, ils appliquaient des principes généraux que leurs prédécesseurs avaient préparés dans l'âpreté d'une recherche volontaire et obstinée. Ils se sont trouvés si nettement définis qu'ils ont dirigé l'art tout entier, durant ses époques de grandeur et de décadence, en Chine comme au Japon. Cette technique précise, que des peintres et des critiques ont exposée dans des ouvrages demeurés célèbres, dévoile, pour une grande part, les singularités de l'art de l'Extrême-Asie. Il y aurait certes lieu de lui consacrer une étude approfondie, car elle réduirait à néant certaines étrangetés qui, à nos esprits fermés d'Occidentaux, apparaissent trop souvent comme absurdes et sans raison. Elle préparerait à saisir dans sa structure même la qualité de l'art oriental. Mais une semblable étude se suffit à elle-même. Elle dépasserait de beaucoup le cadre du présent essai, aussi se réduira-t-on à n'en prendre que ce qui est essentiel pour expliquer la compréhension de la nature dans l'art d'Extrême-Orient et les expressions merveilleuses qu'il a su en donner.

Ce sens profond de la nature qui se gravait déjà chez les philosophes et les poètes de l'antiquité chinoise, ce besoin de s'égarer dans les solitudes afin de baigner l'esprit tout entier dans la magie des apparences, ce désir, fait d'une ivresse extatique du monde, qui caractérisait les adeptes du Sien-chou, il s'est exercé avec puissance sur la mentalité des peintres. D'ailleurs, les maîtres de la peinture étaient aussi des philosophes et des poètes ; le contenu même de la culture, la parenté de la peinture et de l'écriture, propre à la Chine et au Japon, et qui, dans l'éducation, confondait ces deux éléments, ont créé des particularités spéciales à l'Extrême-Orient. Le peintre ne pouvait être, comme il le fut souvent en Europe, un artisan ; il ne pouvait sortir d'une classe à culture limitée, pour laquelle l'élément du métier primait tout autre chose et qui n'aboutissait à la connaissance qu'à travers le métier même. En Orient, l'artiste n'eut pas à s'élever au-dessus de la condition de l'artisan. Il ne pouvait venir que de la classe lettrée, nourrie des œuvres des anciens philosophes, préparée par une culture générale à sentir profondément les beautés éparses du monde ; et lorsqu'il était donné à un individu de s'élever au-dessus du niveau moyen de son temps, de porter en lui cette forme particulière de la sensibilité qui ouvre les domaines magnifiques de l'art, alors, il se trouvait à la fois peintre, poète et philosophe, résumant sans effort dans son esprit tout ce qui faisait le prix de l'intellectualité et du savoir. Aussi le peintre, comme le philosophe et le poète, se trouva-t-il travaillé de ce désir d'indépendance contemplative qui conduisait les sages dans des demeures solitaires, perdues dans les montagnes, parfois ignorées. Du seuil de leur ermitage, ils voyaient se développer à leurs pieds les caprices mouvants des nuages, les sinuosités harmonieuses des fleuves, les forêts ombreuses, les champs cultivés, les villages lointains, et, parfois, à l'horizon, la silhouette orgueilleuse des villes. Ils demeuraient enfermés dans la brume, baignés de ses vapeurs opalescentes, devinant à peine, à travers ses épaisseurs floconneuses, l'étendue des plaines, et, par delà le monde inférieur, ils voyaient se dresser les cimes audacieuses qui, comme leur pensée trop ardente, escaladaient le ciel. De la Chine au Japon, c'est un exode général des vieux maîtres vers la solitude et vers l'oubli. Lorsqu'ils avaient vécu dans le tumulte du monde, la vanité de quelque charge de cour, honorés de leurs souverains, flattés par leurs admirateurs et par les courtisans, lorsque les passions de la jeunesse s'étaient tues dans ces âmes, alors magistrats, prêtres, guerriers, de quelque activité qu'aient surgi ces peintres, ils se retiraient dans le silence. Entourés de quelques élèves, ils formulaient les préceptes de leur art, regardaient vivre les choses, peignaient parfois des pages admirables dont le recueillement et la grandeur écrasaient de leur savoir positif, de leur simplicité grandiose, les compositions où leur jeunesse avait mis l'aspect brillant, le luxe et la surcharge de ces agitations où se complaisent les hommes. C'est l'histoire de Tchang T'sao, de Yi Yuan-ki, de Li Tch'eng, de Yin Ts'ien, de Kao K'o-ming, de Ni Tsan, de Tchong Li, de K'iu Tcho, de Fan K'ouan, de Houang Ts'i, en Chine ; de

Sesshiu, de Shugetsu, de combien d'autres encore, au Japon. La nature les attire, les domine, les absorbe tout entiers.

Une telle impulsion, s'exerçant dès les premiers âges, devait mener les peintres de l'Extrême-Asie à une exploration méthodique et patiente de la nature. Là où les Japonais ont développé un charme subtil, une élégance raffinée, une spontanéité délicieuse à saisir le caractère des êtres ou l'essence d'un paysage, les Chinois, leurs initiateurs et leurs maîtres ont affirmé cette obstination sérieuse et réfléchie, cet esprit positif, cette puissance et cette pénétration qui s'étaient gravées déjà, à d'autres époques, dans leur philosophie même. Ce qui les avait conduits à fonder leur savoir spéculatif sur la nature, devait les conduire aussi à ne point considérer leur art comme autre chose qu'une expression de cette éducation philosophique. Partis de ces cosmogonies qui se trouvent à la base des vieux systèmes religieux de l'Assyrie, de l'Égypte, de la Grèce et, avec elles, de la civilisation occidentale, les Chinois durent aux tendances positives de leur esprit d'y rester attachés. Ils ne s'en écartèrent point pour tomber dans les systèmes religieux, obscurs et troublants qui furent la loi historique de l'Europe. Ils développèrent avec puissance la pensée primitive, ingénue et plus vraie, souvent, que les spéculations postérieures. Ainsi imprégnés du sentiment des proportions naturelles, maîtres de cette conception d'un univers dans lequel s'écoule, à son plan secondaire, la destinée de l'homme, ils étaient tout préparés à diriger leur art dans la voie où leur philosophie s'était irrévocablement engagée.

Cette communion étroite avec la nature, cette familiarité avec les choses et les êtres du monde que le Bouddhisme développait encore avec sa foi d'universelle pitié, elles se dégagent bien nettement de l'histoire même de l'art d'Extrême-Orient. Sans doute, certaines périodes sont caractérisées par la prédominance d'une école ou d'une tradition. Mais bien vite un maître apparaît qui retourne à l'inspiratrice éternelle. Wang Wei lui devait ce sens profond des formes qui, dans ses peintures, faisait palpiter les roseaux sous le souffle du vent et qui ouvrait l'espace infini des mers au pied des montagnes vêtues de brumes impalpables. C'est à elle que revient Li-Cheng lorsque, après avoir étudié les maîtres qui l'avaient précédé, il sent qu'il ne possède pas encore l'essence universelle de son art ; c'est à elle que Yi Yuan-ki, errant dans les solitudes, parmi les paysages inconnus et les animaux au milieu desquels il vit, demande les inspirations nouvelles qui lui permettront de dire ce qui n'a jamais été dit avant lui ; c'est dans les paysages grandioses de la Chine que le prêtre Sesshiu, le plus grand paysagiste du Japon, va chercher les images admirables dont il caressera le souvenir dans ces heures solitaires où naissaient des chefs-d'œuvre.

Un passage d'un ancien livre chinois, relatif à Houang Kong-wang, l'un des maîtres du xiiie siècle chinois, dégage avec netteté la valeur de ce travail de recherches et d'observations qui fondait sur une étude exacte de la nature les compositions aventureuses où l'esprit oriental affirme cette conception magique et visionnaire qu'il eut de l'univers. Houang Kong-wang se plaisait dans les solitudes où il pouvait donner libre cours à son sentiment passionné : « Portant du papier et du pinceau dans ses manches, dit un auteur chinois, il errait au loin. Dès qu'il arrivait à quelque beau paysage ou à quelque bel objet, il prenait des esquisses sommaires qu'il étudiait ensuite à loisir. Le résultat était que les effets magiques du matin et du soir sur les montagnes, les quatre saisons avec leurs harmonies de lumière et d'ombre, se trouvaient toutes amassées dans son esprit et fixées dans les formes par son pinceau. C'est à cela que nous devons les mille montagnes et les myriades de vallées, toujours plus étonnantes à mesure qu'elles croissaient en nombre, et les sommets amoncelés sur les sommets, les roches amoncelées sur les roches, toujours plus étonnants à mesure qu'ils s'élevaient en hauteur[1]. »

Cette étude directe des choses, ce sentiment émerveillé des beautés naturelles se répétait, depuis les sites grandioses où se complaisait l'imagination des grands maîtres jusqu'à l'amour voluptueux et profond des êtres et des fleurs que d'autres étudiaient dans leur vie singulière, avec cet esprit attentif, ce sens de l'universalité que Chinois ou Japonais ont su reconnaître à la fleur la plus passagère comme à l'insecte le plus infime. « D'autres artistes, dit un critique à propos de Tchao-Tch'ang (un peintre de fleurs du xie siècle) produisent une ressemblance étroite de la fleur qu'ils peignent ; cependant l'art de Tchao-Tch'ang non seulement produit cette étroite ressemblance, mais il donne aussi, et en même temps, l'âme même de la fleur... Chaque matin, avant que la rosée ne fut évanouie, il marchait autour de son jardin, il examinait chaque fleur avec soin, la tournait dans sa main de côté et d'autre, puis il préparait ses couleurs et la peignait. Il s'appelait lui-même : « celui qui dessine d'après la vie[2] ».

1. Giles. *Loc. cit.*, p. 142.
2. Giles. *Loc cit.*, p. 97.

L'observation attentive, inlassable, qui, à l'esprit positif de la Chine donnait la connaissance réelle des choses sur lesquelles l'imagination pouvait édifier ses chimères ; l'observation patiente de ces analystes subtils, devait les conduire à la puissance évocatrice qui a fait leur grandeur. Ils se rendaient bien compte cependant, que la liberté, l'aisance, la profondeur du rêve, dépendaient étroitement du savoir technique et de l'observation.

Là encore, leurs conceptions philosophiques devaient les amener à maîtriser les difficultés du métier. Le Laoïsme en avait défini les conditions. L'histoire du cuisinier du prince Houei expose, sous une forme familière, la mystérieuse immanence du Tao. « Le cuisinier du prince Houei, dit Tchouang-tseu, était en train de découper un bœuf. Chaque coup de sa main, chaque mouvement de ses épaules ou de ses pieds, chaque contraction de ses genoux, chaque *whsh* de la chair coupée, chaque *chhk* du couperet était en parfaite harmonie, d'un rythme pareil à la danse du « Bois de Mûrier », simultanés comme les cordes du *King cheou*. — « Bien ! s'écria le Prince, votre habileté est vraiment grande. » — « Sire, répliqua le cuisinier, je me suis toujours voué au Tao ; cela vaut mieux que l'habileté. Lorsque je commençai, pour la première fois, à découper des bœufs, je voyais simplement devant moi un bœuf tout entier. Après trois ans de pratique, je ne voyais rien de plus que les morceaux. Mais maintenant, je travaille avec mon esprit, non avec mes yeux. Lorsque mes sens m'ordonnent de m'arrêter, mais que mon esprit me pousse en avant, je m'appuie sur d'éternels principes. Je suis les cavités et les ouvertures telles qu'elles sont, d'après la constitution naturelle de l'animal. Je n'essaye pas de couper à travers les jointures ; encore moins à travers les gros os. — Un bon cuisinier change son couperet une fois par an, parce qu'il coupe ; un cuisinier ordinaire, une fois par mois, parce qu'il hache. Mais, j'ai eu ce couperet pendant quatre-vingt-dix-neuf ans et j'ai découpé plusieurs milliers de bœufs. Son tranchant est aussi frais que s'il venait de la pierre à aiguiser. Car, aux jointures, il y a toujours des interstices et le tranchant d'un couperet étant sans épaisseur, il reste seulement à introduire ce qui est sans épaisseur dans ces interstices. De cette façon, les interstices seront élargis et la lame trouvera une large place. C'est ainsi que j'ai conservé mon couperet pendant quatre-vingt-dix-neuf ans aussi tranchant que s'il venait de la pierre à aiguiser. — Cependant, lorsque j'arrive à quelque partie difficile où la lame rencontre quelque difficulté, je suis tout attention. Je fixe mes yeux sur elle, je retiens ma main, j'applique doucement ma lame, jusqu'à ce que, avec un *hwah*, le

LA PEINTURE DE PAYSAGE ET LA TECHNIQUE   117

morceau cède et tombe comme de la terre s'écroulant sur le sol. Alors, je relève mon couperet et le tiens en l'air ; je regarde autour de moi et m'arrête, jusqu'à ce que, avec un air de triomphe, j'essuie mon couperet et je le mette soigneusement de côté. — Bravo, s'écria le Prince, d'après les paroles de ce cuisinier, j'ai appris à diriger ma vie[1]. »

C'est aussi d'après ces mêmes principes que les peintres chinois ou japonais dirigeaient l'apprentissage de leur art. Comme le cuisinier du prince Houei, ils cherchaient à joindre cet état de perfection où, les moyens techniques étant conquis, ils étaient devenus si familiers avec l'œuvre poursuivie que chaque effort se développait instinctivement. L'harmonie qui se réalisait alors en eux était le secret de leur maîtrise. Les moyens d'exécution étant assujettis, ils pouvaient, suivant le conseil de Tchouang-tseu s'abstraire du point de vue individuel et entrer dans une relation subjective avec l'ensemble des choses. Le plus haut degré de dextérité manuelle était atteint lorsque l'art était devenu leur seconde nature. Il leur permettait alors cette évasion du soi que Lao-tseu avait prêchée dans sa philosophie. Ils étaient une sorte de réflexion passive de l'Universel. Leur esprit devenait le miroir de l'Immensité.

II

L'art de l'Extrême-Orient repose tout entier sur cette conception idéaliste — et, en même temps, positive — du savoir. Il a su reconnaître, au delà de la technique, le pouvoir de la suggestion. Il est même curieux, à cet égard, de comparer le passage suivant de Song Ti (xie siècle) à telle note de Léonard. « Choisissez un vieux mur en ruines, dit le peintre chinois ; étendez sur lui un morceau de soie blanche. Alors, soir et matin, regardez-le, jusqu'à ce qu'à la fin, vous puissiez voir la ruine à travers la soie, ses bosses, ses niveaux, ses zigzags, ses fentes, les fixant dans votre esprit et dans vos yeux. Faites des proéminences, vos montagnes ; des parties les plus basses, vos eaux ; des creux, vos ravins ; des fentes, vos torrents ; des parties les plus éclairées, vos points les plus proches ; des parties les plus sombres, vos points les plus éloignés. Fixez tout cela profondément en vous, et bientôt, vous verrez des hommes, des oiseaux, des plantes et des arbres et des

---

1. Chwang-tze. Traduct. Giles, p. 33-35. Londres. Quaritch, 1889.

figures volant ou se mouvant parmi eux. Vous pourrez alors jouer de votre pinceau suivant votre fantaisie. Et le résultat sera une chose du ciel, non de l'homme[1]. » De même, Léonard avait cherché dans les lézardes des vieux murs le secret de vastes compositions. La puissance de la suggestion valait aussi pour celui qui fut à la fois le plus grand technicien et le plus grand idéaliste de l'art occidental : « Je ne manquerai pas, dit-il, de noter dans ces préceptes une nouvelle manière de spéculation, laquelle, bien qu'elle paraisse petite et presque digne de risée, n'en est pas moins d'une grande utilité pour provoquer l'esprit à de nouvelles inventions ; c'est celle-ci : si tu regardes certains murs maculés ou des pierres diversement composées, tu pourras y voir l'invention et la similitude de nombreux paysages, batailles, actes violents des figures, étranges expressions de visages et de vêtements et une infinité d'autres choses ; car, dans les choses confuses, l'esprit est provoqué à de nouvelles inventions[2]. »

Les Maîtres orientaux ont recherché la technique pour la dominer. Ils ont vu toujours, au delà de l'exécution, l'œuvre d'art contemplée dans son mystère et dans sa majesté. Ils ont su reconnaître que le savoir n'était rien sans l'inspiration et même, que l'inspiration devenait, à son tour, le secret du savoir. Ils en ont apporté le témoignage avec cette analyse clairvoyante et cette évidence de raisonnement qui leur sont familiers. Sou Tong-p'o, homme d'État, philosophe, artiste, parle ainsi de son grand contemporain Li Long-mien : « Il a été dit que Li Long-mien peignit son « *Village de montagne* » de manière qu'il fût facile aux futurs voyageurs de retrouver leur route, marquant les bons passages comme s'il les avait vus dans un rêve ou dans la vision d'une naissance antérieure ; et aussi de manière à ce que les noms des fontaines, des rochers, des plantes et des arbres le long de la route, soient connus d'eux sans ennuis ou recherches ; et enfin, de sorte que les pêcheurs et les bûcherons de ces heureuses solitudes puissent être reconnus par eux sans qu'un mot soit prononcé. On s'est demandé comment cet artiste a pu se forcer à se rappeler tout cela et à ne pas l'oublier. Je réponds : que celui qui peint le soleil grand comme un pain n'est pas obligé d'oublier la vraie grandeur du soleil et qu'un homme qui est ivre n'essaye pas de boire avec son nez ni de peindre avec ses pieds. Tout ceci se rapporte entièrement à notre organisation naturelle qui fait que nous nous rappelons sans effort. Ainsi Li Long-mien. Lorsqu'il est sur les mon-

---

1. Giles. *Loc. cit.*, p. 100.
2. Cf. Léonard de Vinci. *Trattato della Pittura*. Édit. Amoretti. Milan, 1804, chap. XVI, p. 8.

tagnes, il ne doit pas se concentrer sur chaque objet, mais son âme se met en communion avec toutes les choses et son esprit pénètre les mystères de toutes les ruses de la nature. Néanmoins son génie et sa technique entrent tous deux dans le sujet. Si un homme a le génie, mais est ignorant de la technique, les pensées peuvent se former d'elles-mêmes dans son esprit, elles ne peuvent pas prendre une forme sous son pinceau. Récemment, j'ai considéré Li Long-mien peignant un Bodhisattva. Il le fit jaillir entièrement de son imagination ; cependant, aucun des caractères du Bodhisattva ne manquait. Les paroles du Bodhisattva et l'œuvre du pinceau de l'artiste semblaient provenir d'un seul et même homme. Combien plus Li Long-mien pouvait-il en faire autant lorsqu'il s'agissait de choses qu'il avait réellement vues[1]. »

On voit ce que, dans l'esprit d'un grand peintre, pouvait causer cette exploration continuelle, cette étude acharnée des aspects réels du monde. La nature saisie dans son essence universelle, non point comme un fond à l'orgueil de l'homme, non point comme la manifestation d'esprits inférieurs ou ténébreux, la nature saisie avec cette liberté que nous donne notre science moderne, existant par elle-même avec ses buts divers, ses destins divergents emprisonnés dans la magie des apparences, avec, enfin, l'individualité propre de chacun des éléments qui la composent, voilà ce qui pouvait donner à un Li Long-mien le réalisme surprenant qui émerveillait ses contemporains. Mais Sou Tong-p'o ajoute « qu'il ne devait point se concentrer sur chaque objet, mais que son âme entrait en communion avec toutes les choses et que son esprit pénétrait le mystère de toutes les ruses de la nature ». Ce n'est point là le réalisme obtus de celui qui s'attache à additionner des ressemblances extérieures, c'est cette intelligence synthétique et profonde que nous avons vu agir dans la philosophie : elle s'exerce ici dans le domaine du peintre. Elle analyse, compare, déduit, et, avec cette puissance qui caractérise la majesté de l'esprit, elle assouplit la technique au service du génie. L'exploration de la nature n'est que le moyen d'exprimer les idées et les rêves ; elle est la base de la conception à laquelle s'élèvent les maîtres de l'Extrême-Asie ; ils ne sont pas asservis par elle ; la double essence de cet effort tient tout entière dans cette grave et noble parole de Tchang Tsao, répondant à Pi Hong qui lui demandait à quels maîtres il devait son savoir : « Extérieurement, j'ai suivi les enseignements de la nature ; intérieurement, les inspirations de mon propre cœur[2]. »

1. Giles. *Loc. cit.*, p. 112-113.
2. Giles. *Loc. cit.*, p. 61.

III

Une semblable exploration du monde devait conduire à fixer d'une manière précise la technique qui permettait la libre expression des choses. Les Orientaux en ont laissé la trace dans des traités que nous devons à leurs peintres; ils s'y montrent conscients des moyens poursuivis. Dans notre art occidental, nous devons recourir à Léonard de Vinci et à Albrecht Dürer, pour trouver formulés d'une façon supérieure, dans un traité de la peinture, les raisonnements qui menaient à la pleine possession de l'art des formes. Encore est-ce au maître italien seul qu'il faut s'adresser si l'on veut trouver la profondeur de l'observation et la puissance du raisonnement alliées à la sensibilité subtile et impulsive de l'artiste. Ni le traité de Lomazzo qui rassemble les recettes des ateliers de la Renaissance, ni la lourde encyclopédie où Paillot de Montabert a donné le développement de l'enseignement académique du xviiie siècle finissant et de l'école de David, ne peuvent égaler la clairvoyance, la sûreté, la puissance d'analyse d'un Léonard. « Le dessin est un raisonnement », dit-il dès le début de son livre sur la peinture. Cette conception, que les Occidentaux ont dédaignée, jaillit toute seule de l'étude de la technique orientale. Elle s'affirme dans le traité où Wang Wei laisse à ses élèves des indications sur les conditions du clair-obscur et la perspective aérienne et c'est à ce même point de vue que Sié-Ho, Houang Kong-wang (xiiie) ou Kouo-hi (xie) rédigent leurs traités du paysage. C'est que la culture du lettré chinois est plus élevée que celle de l'artisan occidental et la façon même dont les artistes se sont recrutés, pour ces deux régions du monde, dans chacune de ces classes fort opposées, préparait d'une façon directe les maîtres de l'Extrême-Orient à la connaissance consciente et non point empirique des moyens de leur art.

IV

Si l'on pénètre dans le détail de leur technique, on voit se confirmer aussitôt la conception générale qui se dégage de leur critique. Je laisse de côté ici les conditions perspectives sur lesquelles j'ai donné ailleurs quelques

LA PEINTURE DE PAYSAGE ET LA TECHNIQUE

indications[1], on s'attachera seulement à ces conditions d'observation et de compréhension de la nature qui peuvent préparer le contenu philosophique des images dressées dans la fièvre du rêve et la toute-puissance de l'imagination.

Pareils à Léonard qui, par la force de sa réflexion, la précision aiguë de son dessin, définissait jusqu'à la structure géologique des lointains montagneux auxquels se complaisait sa fantaisie, les peintres chinois cherchèrent à codifier les résultats de leurs recherches dans l'analyse des aspects de la nature. Entraînés par la conception philosophique qui gardait aux principes des vieilles cosmogonies une sorte de vitalité poétique, ils virent, dans les montagnes dressées parmi les brumes, l'opposition du monde de la terre et du monde de l'eau, évoquant ainsi, à travers les formes naturelles, le symbole antique du dragon surgissant des nuages et du tigre apparaissant comme le roi des êtres terrestres. Dans le symbole qui les amenait à cette évocation des solitudes montagneuses, où l'esprit du mythe et l'histoire de leurs philosophes et leurs ascètes s'entremêlaient, ils trouvèrent cette tradition qui a fait d'eux les plus grands peintres de montagnes du monde. Eux seuls ont su en exprimer la proportion audacieuse, la domination absolue, l'échelle grandiose où se perd la personnalité humaine. Ils en ont saisi la vie palpitante et sacrée[2] et pour y aboutir, ils ont gravi avec l'obstination des grands chercheurs tous les degrés de l'effort qui pouvaient conduire à sa connaissance parfaite.

Ce travail séculaire s'est codifié de très bonne heure dans la série des règles par lesquelles les Chinois ont défini les traits aptes à représenter les diverses structures du terrain. Leurs préceptes à cet égard étaient déjà fixés lorsque se développèrent leurs grandes écoles de paysage. Ce résultat une fois atteint suppose une longue lignée d'observateurs, une véritable fermentation des esprits, acharnés à la découverte des moyens nouveaux et, par conséquent, une longue suite de précurseurs.

Ces principes se sont naturellement fixés avec l'accent particulier à la civilisation de l'Asie orientale. Le trait était le moyen même de l'expression des formes; c'est donc par la nature du trait que s'est trouvée définie la

---

1. Cf. Petrucci. *Les caractéristiques de la Peinture japonaise*. Revue de l'*Université de Bruxelles*, 1907, p. 143, et *idem*, édition japonaise des Kokka. Tokyo 1907. — *Syllabus du Cours sur l'art de l'Extrême-Orient*. Bruxelles, 1909.

2. « Les montagnes, dit Jao Tseu-jan, dans son « Art de la Peinture » doivent avoir un souffle et un pouls de telle sorte qu'elles soient comme des corps vivants et non comme des choses mortes. » Cf. Giles, p. 146-147.

technique. D'autre part, la qualification attribuée à chaque espèce de trait les définit parfois avec une puissance poétique à laquelle notre esprit rationaliste en ces sortes de choses n'est guère accoutumé ; parfois avec une précision toute scientifique et où se fait sentir avec intensité l'esprit d'observation toujours présent dans la recherche technique des artistes orientaux.

En général, les diverses espèces de traits aptes à définir la structure des montagnes se trouvent classées sous seize et, quelquefois, dix-huit catégories différentes. On en trouvera ici la liste la plus abrégée. Ce sont :

1° Yu-t'ien-ts'iun,	traits plissés	comme l'empreinte des gouttes de pluie.
2° Louan-tch'ai-ts'iun,	— —	comme des broussailles en désordre.
3° Fan-t'eou-ts'iun,	— —	comme le cristal d'alun.
4° Kouei-p'i-ts'iun, ou Kou-leou-ts'iun,	— —	comme la face du démon ou comme le squelette de l'homme.
5° Ta-fou-pi-ts'iun,	— —	comme si coupés par une grande hache.
6° Siao-fou-pi-ts'iun,	— —	comme si coupés par une petite hache.
7° Ma-ya-ts'iun,	— —	comme la dent d'un cheval.
8° Tche-tai-ts'iun,	— —	comme une ceinture plissée.
9° P'i-ma-ts'iun,	— —	comme les fibres de chanvre.
10° Louan-ma-ts'iun,	— —	comme les fibres de chanvre emmêlées.
11° Ho-ye-ts'iun,	— —	comme les veines de la feuille du lotus.
12° Kie-so-ts'iun,	— —	comme un fil embrouillé.
13° Yun-t'eou-ts'iun,	— —	comme les cheveux des nuages.
14° Tche-ma-ts'iun,	— —	comme les formes du sommet du Ling tche (sorte de champignon dur).
15° Nieou-mao-ts'iun,	— —	comme le poil du bœuf.
16° T'an-wo-ts'iun,	— —	comme l'eau tourbillonnante.
17° P'o-wan-ts'iun,	— —	comme un filet brisé.
18° Kiuan-yun-ts'iun,	— —	comme un nuage enroulé.

Ces deux dernières catégories rentrent souvent, l'avant-dernière dans la dixième et la dernière dans la treizième dont elles ne constituent qu'une légère variation[1].

Lorsque l'on étudie de près, avec les figures sous les yeux, la dénomination que les maîtres chinois ont donné à leurs différentes espèces de traits, on ne peut pas ne pas être surpris de la netteté que les comparaisons faites donnent à la définition même de la manière dont le coup de pinceau doit être attaqué. Mais ces définitions sont secondaires, elles correspondent seulement à la nécessité de classer et de donner un nom à des techniques différentes. L'intérêt gît surtout dans la façon dont ces techniques épousent les formes naturelles.

Elles sont nées d'une observation précise et telle qu'elle suppose, pour

---

1. Voir les figures correspondantes, planche XI.

se fixer ainsi dans la méthode du dessin, la connaissance de la nature géologique des terrains. Plus tard, lorsque l'art entra dans ses périodes de décadence, les peintres, ayant perdu le savoir précis que celles-ci renfermaient, s'attachèrent à la lettre des définitions techniques. Dès lors, la série des traits ne devint plus qu'une sorte de poncif traditionnel, répété avec une virtuosité tout artificielle, sans contact avec l'étude de la nature qui en avait déterminé les anciennes formes. Ils n'ont plus vu dans ces types si précis du dessin que des conventions et des symboles sans signification. Au contraire, les maîtres des grandes époques avaient conscience du savoir réel ainsi codifié; c'est dans leurs œuvres que l'on peut en voir l'application pleine de puissance et de liberté.

Aucune de ces catégories de traits, en effet, ne peut être considérée comme le résultat d'une fantaisie. Chacune correspond à des aspects caractéristiques de la structure des montagnes. Tantôt, ce sont des stratifications horizontales où l'ossature rocheuse de la montagne émerge en couches parallèles du sol herbeux (Tche-tai) (n° 8); tantôt comme dans le Siao-fou (n° 6), le Ma-ya (n° 7) et le Ta-fou (n° 5), la roche soulevée dresse verticalement ses strates dont les parties profondes sont envahies de végétations, tandis que les parties extérieures voient leurs angles arrondis par l'usure du vent et de la pluie. Ailleurs, dans le P'i-ma (n° 9), le Louan-ma (n° 10), le Ho-ye (n° 11), le Kie-so (n° 12), le Yun-t'eou (n° 13), le Tche-ma (n° 14) et le T'an-wo (n° 16), ce sont les divers aspects des roches érodées par l'eau, qui parfois apparaissent toutes nues dans l'usure capricieuse que leur ont infligée les courants; parfois surgissent, avec leurs crêtes bosselant un sol épais, recouvertes d'un limon qui leur prête des formes puissantes et majestueuses. Le drame séculaire gravé par la nature dans la tourmente gigantesque de la terre, se trouve analysé ici avec une pénétration que pouvait seule donner une longue contemplation des choses. Vues dans leur essence réelle, sans idées préconçues, avec le seul amour d'un univers qui, par elles, dévoilait son unité, elles ont livré cette histoire éloquente du rocher soulevé par les plissements de l'écorce terrestre, parfois anguleux comme un cristal d'alun, avec ses arêtes vives et sa substance intacte, parfois raviné par les eaux, usé par le vent, vêtu d'une terre arrachée à ses propres flancs, rongé par la chute écumeuse des torrents et par la magnifique splendeur d'un manteau de verdure.

Certaines de ces techniques prêtent à une expression puissante, tragique, violente, telle que l'affectionna l'École du Nord dont l'esprit positif et réfléchi se complut aux fortes images du monde ; d'autres évoquent ces aspects riants et doux, plein de ce charme et de cette volupté que rechercha la Chine du Sud, raffinée et subtile, imprégnée de scepticisme laoïste et travaillée de désirs inassouvis. Ainsi, dans l'analyse même des formes de la nature, les deux tendances qui dirigèrent l'art et la civilisation tout entiers trouvaient le moyen d'exprimer les sentiments surgis de leur histoire : ils se réfléchissaient sans efforts dans l'image qu'ils composaient d'après les beautés choisies parmi les aspects universels du monde.

V

Les mêmes nuances que la technique des maîtres chinois sut trouver pour exprimer les diversités de la montagne, se répétèrent sur les formes végétales éparses dans ce cycle géant. Dans la manière d'attaquer la représentation des arbres, des roches ou des figures, on retrouve l'opposition des deux styles qui se partagent les diverses catégories de traits définies plus haut, l'un puissant et vigoureux, l'autre léger, délicat, plein de grâce. Ils servent à exprimer cette observation passionnée de la nature qui conduisait les maîtres orientaux à en pénétrer toutes les apparences. Les indications, qu'ils ont laissées dans leurs traités sur la peinture, en révèlent la consciente possession.

Au viiie siècle déjà, Wang Wei indiquait la proportion générale de la composition et sa préoccupation d'une perspective savante lorsqu'il disait : « Dans la peinture de paysage, le premier objet doit être de proportionner les montagnes en dizaine de pieds ; les arbres en pieds, les chevaux en pouces, et les figures humaines en dixièmes de pouce. Les hommes, vus dans la distance, paraissent n'avoir pas d'yeux, les arbres, pas de branches, les montagnes, pas de rochers et elles sont indistinctes. L'eau, au lointain, ne paraît pas avoir de vague, mais monter et toucher les nuages[1] », et il ajoute ces observations où l'on devine une subtile étude de la nature. « S'il y a de la pluie, le ciel et la terre sont indiscernables, et l'on ne peut reconnaître l'est et l'ouest. S'il y a du vent sans pluie, les branches des arbres seulement et non pas les feuilles doivent être vues, s'il y a de la pluie sans vent, le sommet des arbres doit s'incliner vers la terre[2]. » Plus tard, sous

---

1. « L'eau dans la distance n'a pas d'ondulation, les figures dans la distance n'ont pas d'yeux », dit le Tcho keng lou de T'ao Tsong-yi. V. Giles, p. 148.
2. Giles. *Loc. cit.*, p. 51.

les Song, c'est Han Tcho qui divise les divers aspects de l'eau en quatre catégories suivant qu'elle est d'un mouvement lent ou rapide ou qu'elle s'écoule dans un lit profond ou peu profond. Il développe des remarques du même ordre pour ce qui concerne les arbres et les rochers, discute des nuages, du soleil couchant, du vent, de la pluie, des figures humaines, des ponts, des villes, des temples, des bateaux et des différents éléments de la composition et il termine en disant que les premiers points à noter dans une composition sont son inspiration et son rythme, après quoi seulement le style et le coup de pinceau doivent retenir une partie de l'attention [1].

Kouo Hi, un grand maître du XIe siècle chinois, publia un traité de la peinture de paysage où il définit le soin avec lequel les peintres de l'Extrême-Asie ont étudié les divers aspects de la nature, depuis les formes les plus infimes jusqu'aux ensembles les plus grandioses : « Ceux qui étudient la peinture de fleurs, dit-il, qu'ils prennent une seule tige et qu'ils la mettent dans un vase profond et alors qu'ils l'examinent, l'étudiant ainsi sous tous les points de vue. Ceux qui étudient la peinture de bambou, qu'ils prennent une tige et que, dans une nuit de lune, ils projettent son ombre sur une pièce de soie blanche fixée sur un mur. La vraie forme du bambou sera ainsi révélée. C'est la même chose, ajoute-t-il, pour la peinture de paysage. L'artiste doit se mettre en communion avec ses montagnes et ses fleuves et le secret du tableau sera résolu [2]. »

C'est justement parce qu'ils avaient étudié avec ce même soin attentif, cette même ferveur les différents aspects du monde, que les peintres pouvaient déployer une compréhension familière des sites les plus grandioses. Ils en avaient pénétré tous les secrets, ils les commentaient avec sagesse et ce qui fit la grandeur de leur esprit, positif et puissant, c'est qu'il n'excluait point, qu'il provoquait, au contraire, un sentiment poétique auquel ils doivent de pénétrantes émotions. Alors, comme Kouo Hi encore, ils pouvaient discuter sur la distance, la profondeur, le vent, la pluie, la lumière et les ténèbres. Ils pouvaient marquer les différences qui s'accusent entre les nuits et les matins aux quatre saisons de l'année; ils pouvaient, avec lui, dire pourquoi les montagnes du printemps paraissent s'estomper et se fondre comme dans un sourire; pourquoi les montagnes d'été doivent paraître constituées d'un mélange de bleu et de vert; pourquoi les montagnes d'automne sont claires et pures comme un gâteau de miel; et pourquoi les

---

1. Giles. *Loc. cit.*, p. 130-131.
2. Giles. *Loc. cit.*, p. 101.

montagnes d'hiver doivent surgir, comme dans un sommeil[1]. Aussi, lorsqu'il résumait les principes exposés par sa connaissance subtile des heures fugitives et des aspects qui les caractérisent, Kouo Hi pouvait-il conclure en donnant aux peintres de paysage ces instructions : elles semblent paraphraser à leur manière la série des six règles classiques[2] :

1° Cultiver un esprit complet et universel.
2° Observer largement et compréhensivement.
3° Acquérir une expérience variée et étendue.
4° Dégager l'essentiel d'un paysage et en écarter les trivialités[3].

On voit avec quelle clairvoyance, quelle connaissance évidente de la philosophie de l'art, parlait ce maître du xi° siècle. On trouve aussi dans son traité du paysage une définition précise de la fameuse règle des trois distances qui dirigea toute la peinture au point de vue de la perspective et qui démontre, d'autre part, la conscience avec laquelle les Orientaux appliquaient la perspective cavalière qu'ils avaient adoptée : « Les montagnes, dit-il, ont trois distances. Si l'on regarde du pied vers le sommet, c'est ce qu'on appelle la distance de hauteur ; si l'on regarde en face de soi et à travers les choses, c'est la distance de profondeur. Si l'on regarde des montagnes des plus proches aux plus éloignées, c'est la distance de niveau. Les couleurs pour la distance de hauteur doivent être brillantes et claires ; pour la distance de profondeur, lourdes et obscures ; pour la distance de niveau l'un ou l'autre, claires ou obscures. Les montagnes sans nuages paraissent nues ; sans eau, elles manquent de charmes ; sans chemins elles manquent de vie ; sans arbres, elles paraissent mortes ; sans distance de profondeur, elles paraissent superficielles (et bornées) ; sans distance de niveau, elles sont trop proches ; sans distance de hauteur, elles sont trop basses[4]. »

Ces observations techniques dégagent, en même temps que la connaissance d'une perspective linéaire où s'intègre le dessin des formes, celle d'une perspective aérienne où s'incorpore la fluidité du ton. Celle-ci est tout entière enfermée dans le maniement de l'encre de Chine où l'art d'Extrême-Orient, même lorsqu'il se restreint à des peintures monochromes, déploie son sens parfait de la couleur. Kouo Hi s'occupa lui-même spécia-

---
1. Giles. *Loc. cit.*, p. 101-102.
2. Voir plus haut, p. 89.
3. Sei-ichi Taki. *On Chinese Landscape Painting*, Kokka, n° 193, p. 333-334.
4. Giles. *Loc. cit.*, p. 102.

lement de cette technique dans ses écrits, mais c'est à Chen Kie-tcheou, de la dynastie Ts'ing que l'on peut emprunter les indications les plus frappantes sur le sens des relations du ton dans la peinture orientale : « De l'encre appliquée mécaniquement, d'une manière monotone, est appelée de l'encre morte, dit-il ; celle qui apparaît distinctement, dans son propre clair-obscur, est appelée de l'encre vivante. La première n'a rien de l'attrayant éclat de cette dernière ; telle est la première chose que le peintre doit fixer dans son cœur. Tous les objets de l'univers, ajoute-t-il, peuvent être vus seulement au point de vue de la forme et de la couleur, d'où il suit que, dans la représentation picturale d'un objet, sa forme doit d'abord être dessinée par le pinceau, et ensuite, remplie avec de l'encre et dans des ombres appropriées. La couleur, dans un sens véritablement pictural, ne signifie pas une simple application de divers pigments. L'aspect naturel d'un objet peut être admirablement traduit par la couleur d'encre seulement, si l'on sait comment produire les ombres nécessaires. La vertu du ton de l'encre ne se limite pas là, car la beauté de la perspective, l'expression vivante de l'esprit, et la plus lucide représentation d'un paysage peuvent être obtenus par les mêmes moyens. Ce que l'on appelle en technique le K'i yun cheng tong (le premier des six principes) est simplement l'effet que l'on atteint lorsqu'on use avec maîtrise de la couleur d'encre. Supposons que l'on peigne un paysage de deux manières : l'une avec de l'encre seule, l'autre avec de la couleur verte seule ; il doit s'ensuivre que, dans la dernière, la partie où la couleur se trouve appliquée le plus lourdement correspond exactement aux parties où se trouvent les ombres les plus noires dans la première. Cela prouve, d'une part, que les lois qui règlent les ombres à l'encre servent de guide pour le traitement des teintes, et, d'autre part, que l'encre doit être considérée comme une vraie couleur dans le travail de la peinture. Dans les esquisses à l'encre, le pinceau et l'encre sont en relation comme le général et le lieutenant, mais dans la peinture en couleurs, les couleurs et le pinceau sont entre eux comme le maître et le serviteur. En d'autres termes, l'encre est un complément dans l'œuvre du pinceau, tandis que les couleurs sont un supplément[1]. »

Cette conception des relations du ton arrive à abstraire celui-ci de la couleur elle-même ; dans la peinture monochrome à l'encre de Chine, dont Chinois et Japonais ont su tirer de si merveilleux résultats, elle en vient à ne

---

1. Sei-ichi Taki. *On oriental Ink Painting.* Kokka, n° 203, p. 647-648.

plus considérer le ton que dans sa valeur relative, définissant par son accent seul les différents éléments et les aspects les plus divers des choses. Elle est si clairement exprimée qu'elle ne pouvait s'établir sans la connaissance parfaite du clair-obscur. Lorsque celle-ci est absente, les peintres, quelle que soit la civilisation à laquelle ils appartiennent, sont portés à une enluminure violente, où l'excès même de la couleur prouve l'ignorance de la perspective aérienne. Il faut en avoir exploré tous les moyens, en posséder toutes les ressources, pour la saisir ainsi dans son abstraction et faire jaillir des accords du blanc et du noir l'expression d'une atmosphère subtile, baignée de vapeurs fluides, dans des scènes grandioses où les montagnes lointaines dressent leurs sommets vêtus de nuages sur l'étendue brumeuse de la mer. De ces compositions où les maîtres chinois et japonais se sont complus à bannir le pigment coloré comme trop matériel et trop lourd, ils ont su faire les choses les plus lumineuses et les plus colorées qui soient : des rêves prestigieux et magnifiques, apparus dans la magie de l'irréel, pareils à des images immatérielles qu'un léger souffle disperserait. Les peintres de l'Extrême-Asie ont atteint, dans cette façon de traduire l'image indistincte du monde, une puissance que notre art occidental, alourdi par une analyse pénible, n'a jamais soupçonnée. Eux seuls ont su satisfaire, par la formule plastique, le rêve du philosophe et du poète, poursuivant dans le caprice des brumes la vision d'un monde qu'évoquait leur pensée. Eux seuls pouvaient, comme Houang Ts'i, au XIIe siècle, peindre le vent et le brouillard et saisir cet instant fugitif où la vapeur retombe en pluie. Ses contemporains disent d'une peinture qu'il réalisa, « qu'on ne voyait en elle ni ombre ni lumière, mais une atmosphère pareille au temps du prunier (humide et lourde comme dans le mois de mai en Chine) ou à une pluie matutinale qui cache à demi les choses. Elle était pleine de profondeur et donnait à celui qui la contemplait l'impression d'appeler sans cesse, hors de l'indéfini, des images qui apparaissaient et disparaissaient à mesure [1] ».

VI

Avec cette subtilité si évidente dans l'étude des formes et dans l'observation des apparences, les maîtres de l'Extrême-Asie se trouvaient prêts à saisir la poésie du moment passager ; mais, à cette technique dans laquelle

---

1. Giles. *Loc. cit.*, p. 118.

s'exprime un sentiment passionné de la nature, il fallait encore ajouter le pouvoir que donne la pleine possession des relations à établir dans les choses et le choix dénoncé par la composition.

Ici, l'esprit chinois, positif et calme, abstrait de toute impulsion dans son jugement des êtres et des choses, devait donner son entière mesure. Il s'affirme dès les premières périodes où, libéré des tâtonnements et des ignorances de l'archaïsme, il devient son propre maître ; on le voit s'accuser tout entier dans l'apogée de son art.

« Lorsqu'il s'agit d'un paysage, dit Jao Tseu-jan, dans son *Art de la peinture*, l'artiste doit commencer par déployer sa soie blanche dans une chambre éclairée et tranquille. 1. Il doit alors attendre que son esprit soit paisible, que ses idées aient pris corps, avant de se mettre au travail. Il doit user de soie grosse ou fine selon son sujet ; si la soie s'étend sur un grand nombre de panneaux, ou si le mur, pour la fresque, a plus de 100 pieds de long, il doit prendre un bâton de bambou et, avec du fusain, esquisser largement le contour des montagnes, hautes et basses, des arbres grands et petits, des constructions et des figures humaines, donnant à chaque chose sa place. Il doit alors se reculer d'une dizaine de pas et considérer tout avec attention. Il peut rapidement voir si cela peut être exécuté. Alors, il peut commencer à peindre avec une encre très déliée. 2. Il ne doit pas manquer de rendre bien évidente la distinction établie entre ce qui est proche et lointain. 3. Ses montagnes doivent avoir un souffle et un pouls, de telle sorte qu'elles soient comme des corps vivants et non comme des choses mortes. 4. Ses ruisseaux doivent venir de quelque source apparente ou suggérée et non couler à travers la peinture, au hasard. 5. Ses paysages ne doivent pas manquer de parties planes et de parties accidentées ou bien ils seront monotones. 6. Ses routes doivent avoir un commencement et une fin. 7. Ses rochers ne doivent montrer qu'une seule de leurs faces. 8. Ses arbres ne doivent pas avoir moins de quatre branches. 9. Ses figures ne doivent pas avoir la tête et les épaules raides. 10. Ses constructions doivent être éparpillées irrégulièrement. 11. Ses effets d'ombre et de lumière doivent être appropriés et il ne doit pas laisser confondre un effet de neige et un effet de pluie. 12. Sa façon de poser les couleurs doit être guidée par des lois fixes[1]. »

Sans doute, on trouve dans l'énumération de ces principes un certain

---

[1]. Giles. *Loc. cit.*, p. 146-147.

accent de pédantisme académique, mais on y trouve aussi des indications sur la composition du paysage qui présentent le plus grand intérêt. Il fallait une longue tradition d'art, une longue suite de chefs-d'œuvre pour aboutir à cette pleine connaissance des ressources de la composition dégagée par le texte chinois. Alors on voit apparaître toute l'importance de ce recueillement dans lequel le peintre oriental recherche la réflexion nécessaire à la conquête de la beauté.

Jao Tseu-jan dit que les montagnes doivent avoir un souffle et un pouls et qu'elles doivent être comme des corps vivants, non comme des choses mortes. Han Tcho[1], lui, déclare que, dans un cercle de montagnes, il doit toujours y avoir un « hôte », un pic plus élevé, qui domine les « convives », les sommets plus petits, assemblés autour de lui; et Li Tch'eng[2], dans les instructions écrites qu'il laisse à ses élèves, déclare que le premier point de la composition est d'établir la position relative de l' « hôte » et des « convives », c'est-à-dire, d'établir les formes dominantes et subordonnées. Là réside l'élément essentiel qui ordonnera le caractère général d'un ensemble. « Le paysage, dit un autre critique, consiste dans la position. Les artistes qui ont à s'occuper de la distance ou de la grandeur des objets sont guidés dans chaque cas par la lumière de la nature. C'est leur affaire de porter sur la soie la réduction d'une scène sans la dépouiller de son caractère naturel et non de faire qu'elle suggère l'idée du pinceau et de la couleur. Le résultat est une belle peinture, et en ceci se trouve démenti le vieil adage qui dit qu'en peinture il n'y a pas d'eau vivante ni de montagne véritable[3]. »

Ainsi donc, la composition demeure l'élément essentiel coordonnant la série des éléments saisis par toute une préparation antérieure. Elle est à l'apogée de ce mouvement d'exploration conduisant le peintre à travers les réalités magiques du monde pour l'amener à découvrir cette spiritualité passionnée qu'il essaiera de fixer dans l'œuvre d'art. Il y trouve le moyen suprême de classer et de discipliner les images aperçues comme les émotions subies. Il lui faut pour cela la pleine possession de soi-même et la réflexion prolongée dans laquelle l'esprit trouve le moyen d'agir ; ici encore, c'est la critique de l'Extrême-Asie qui va en définir le caractère profond : « On dit, déclare un peintre du XIIIe siècle, que le paysage est une chose

---

1. Giles. *Loc. cit.*, p. 130.
2. Giles. *Loc. cit.*, p. 86.
3. Giles. *Loc. cit.*, p. 107.

facile. Je pense que c'est une chose vraiment difficile. Car toutes les fois qu'on veut produire un paysage, il est nécessaire d'en porter les éléments en soi et de les travailler durant plusieurs jours dans son esprit avant que le pinceau n'entre en jeu. De même pour la composition : il y a une période de réflexion acharnée sur le thème qu'elle comporte, et avant qu'il ne soit résolu, on se trouve dans l'esclavage des liens et des fers. Mais quand vient l'inspiration, on reprend sa liberté, on est affranchi[1]. »

Le laborieux effort qui s'est attaché par les moyens divers de la technique, à l'observation des formes, à l'analyse des phénomènes, à la structure des apparences ; cette conscience de la beauté des choses qui a conduit l'Extrême-Orient à démontrer par la puissance de l'analyse la constitution intime de la fleur, du brin d'herbe, de l'insecte, comme de la montagne majestueuse ou de l'eau aux caprices infinis ; tous ces éléments dans lesquels s'est appliquée l'intelligence attentive, dominée par ces conceptions philosophiques du monde auxquelles nous atteignons seulement aujourd'hui ; tous ces éléments accumulés ont amené le peintre, assoupli par une exploration judicieuse, au seuil du moment où il peut s'exprimer. Il lui faut alors rassembler l'immensité des formes, synthétiser les aspects changeants de la terre et des cieux ; à travers le tumulte et l'infinité, il cherche le calme et l'harmonie ; la culture philosophique intervient alors, elle lui donne le secret du Principe immuable, de l'Absolu toujours vivant ; derrière l'emmêlement inextricable du réel, elle lui révèle enfin le *thème*, ce thème qui va régir les expressions les plus audacieuses ; maintenant il a brisé les *liens et les fers*, il est libre, affranchi de toutes les servitudes ! Il reste à voir à quelles visions sublimes cette progression ordonnée et consciente de l'effort a pu conduire l'art de l'Extrême-Orient tout entier.

1. Giles. *Loc. cit.*, p. 141.

CHAPITRE XII

LA PEINTURE DE PAYSAGE : L'INSPIRATION

Dirigé par sa longue culture philosophique, l'art d'Extrême-Orient ne pouvait aborder la représentation des choses sans oublier cette vie universelle, cette activité grandiose et redoutable qui étaient devenues familières à toutes les intelligences. Tandis que nos premiers maîtres, dans l'art occidental, se sont attachés à la nature précise des formes et qu'ils n'ont atteint l'esprit qu'à travers la rude exploration du réel ; dominés par la puissance de leur conception philosophique du monde, les Orientaux ne se sont jamais arrêtés à ce stade qu'ils ont su considérer dans ses éléments purement techniques. Dès les premières œuvres dans lesquelles ils se sont affirmés, ils ont recherché l'esprit d'universalité que leurs philosophes avaient reconnu dans les choses ; partis de ces efforts tout symboliques et mystérieux que l'on trouve à la base de l'art humain dans ses périodes primitives, ils ont poursuivi une évolution qui n'a jamais rompu ses liens avec le travail obscur des temps préhistoriques. Seulement, l'esprit ayant grandi, la culture s'étant faite avec la civilisation, ils ont enfermé, dans les images évoquées, le rêve extraordinaire d'une nature entrevue dans sa structure cachée et dans ses lois géantes. Ce même homme qui, poète, lettré, philosophe, homme d'Etat, se retirait dans les solitudes pour s'imprégner de la beauté du monde, ce même homme, lorsqu'il prenait le pinceau du peintre ne faisait que commenter la pensée philosophique ; ou, plutôt, il l'exprimait avec cette puissance nouvelle que lui donnait le moyen d'art. Lorsque les mots manquent, que le raisonnement se trouve impuissant à relier les différents éléments du principe entrevu, le rythme du vers où la magie des formes viennent d'eux-mêmes au secours de l'intelligence impuissante et, par l'immensité du sentiment, par le pouvoir des choses suggérées, ils permettent à l'homme de dire plus, d'émouvoir plus profondément que par la raison pure et la lourde argumentation de l'esprit.

I

Ce fut un des grands apports du Laoïsme à la vie asiatique que la conception d'une esthétique aussi subtile. Les êtres et les essences définies n'étaient pour lui qu'une image momentanée de l'Universel, une suggestion des principes énormes qui dirigent le monde. « Chouen demanda à Tch'eng, dit Tchouang-tseu, — peut-on obtenir le Tao de manière à l'avoir pour soi seul. — Vôtre véritable corps, répondit Tch'eng, n'est pas à vous-même. Comment pourrait-il en être de même pour le Tao ? — Si mon corps n'est pas à moi-même, dit Chouen, à qui est-il, je vous prie ? — C'est l'image réfléchie du Ciel, répliqua Tch'eng. Votre vie n'est pas votre bien ; c'est l'harmonie déléguée par le Ciel. Votre individualité n'est pas votre bien ; c'est l'adaptabilité déléguée par le Ciel. Vous vous mouvez, mais vous ne savez pas comment. Vous demeurez, mais vous ne savez pas pourquoi. Vous goûtez la saveur, mais vous n'en savez pas la cause. Ce sont les opérations des lois du Ciel. Comment, par conséquent, pourriez-vous posséder le Tao de manière à l'avoir pour vous seul ? » Ainsi l'Individuel se noie dans l'Immensité. « Le Présent est l'Infinité en marche, la sphère du Relatif. La relativité suppose l'Ajustement. L'Ajustement est l'art. L'art de la vie réside dans un constant réajustement à notre entourage. Le Taoïsme accepte le monde tel qu'il est, contrairement au Bouddhisme et au Confucianisme, il trouve la Beauté dans ce monde de douleur et de désordre[1]. »

On comprend alors comment les apparences ne sont que le vêtement des forces énormes qui dirigent l'Univers. On comprend aussi pourquoi, dans l'Art de l'Extrême-Orient, elles ne sont point étudiées pour elles-mêmes, mais comme les révélatrices d'un inconnu dans lequel la pensée s'égare. Elles ouvrent le Vide dont parle Lao-Tseu et, par cette porte ouverte, l'intelligence pénètre dans le domaine le plus élevé que puisse atteindre l'activité de l'homme. Le principe philosophique devient ainsi le moyen et le but de l'expression picturale. « En art, dit M. Okakura, l'importance du même principe est illustrée par la valeur de la suggestion. En laissant cer-

---

1. Okakura. *Book of Tea*, p. 58. Duffield and C°, New-York, 1906.

taines choses non dites, le spectateur a une chance de compléter l'idée. Ainsi un grand chef-d'œuvre rive irrésistiblement l'attention, jusqu'à ce qu'on devienne, pour un moment, une part de lui-même. Un vide est là pour que l'on y entre et qu'on l'emplisse dans la pleine mesure de l'émotion esthétique[1]. »

Un critique japonais qui a su appliquer brillamment les ressources actuelles du savoir occidental à l'étude de la sensibilité orientale, M. Sei-ichi Taki, dit excellemment : « Peindre un objet trait pour trait, ton pour ton, exactement comme il est dans la nature, constitue une impossibilité physique, car, quelque simple que paraisse un objet, en réalité, il est si compliqué qu'aucune main mortelle ne peut le reproduire dans sa similitude[2]. » Cependant, dans notre art européen, nombre de nos maîtres ont essayé de lutter avec la diversité de la nature. Sans doute, l'illusion qui les dirigeait les menait malgré tout à des œuvres admirables, parce qu'ils étaient des artistes et que le caractère impulsif ou subconscient de leur psychologie les conduisait irrésistiblement à ce choix qui constitue l'élément essentiel dans la beauté des choses. Cet effort, dont les Occidentaux ne furent pas toujours avertis, fut en réalité le seul but des maîtres de l'Extrême-Orient. Le monde matériel n'était pour eux qu'une apparence illusoire, la réalité définie qu'ils apercevaient qu'un vêtement jeté sur des choses plus profondes. Pour beaucoup d'entre nous, la montagne n'est que du rocher, l'arbre, une plante sans sensibilité, l'animal une organisation inférieure et que nous méprisons. Pour eux tous, la montagne, enveloppée de nuages, était la forme certaine du principe terrestre opposé au principe humide de la vapeur. Les oppositions géantes, les embrassements farouches qui avaient créé le monde se trouvaient écrits dans la réalité des apparences. La plante était autre chose qu'une organisation insensible ; elle palpitait d'une vie cachée ; elle enfermait en elle une parcelle de l'âme universelle, déguisée sous la forme de l'esprit végétal ; et l'insecte le plus infime posait ce problème grave des existences encloses dans un cycle fatal, s'écoulant vers leurs destinées propres, dans le tumulte énorme d'un monde où le Bouddhisme avait apporté le sourire mélancolique de la pitié, l'espoir souverain du rachat. Le peintre a contemplé cet univers animé, plein de caresses ou de menaces. L'homme n'y est qu'une chose transitoire, fixée dans une hiérarchie où s'établit le

---

1. Okakura. *Book of Tea*, p. 61.
2. Sei-ichi Taki. *Characteristics of Japanese Painting*. Cf. Kokka, édit. anglaise, n° 185, p. 106.

plan menant des dieux aux êtres vivants et aux formes insensibles comme aux mondes infernaux. La chaîne des existences s'étage ainsi dans l'univers de la volupté et du désir ; mais, au-dessus des êtres, au-dessus des dieux mêmes, la nature poursuit sa marche, indifférente et souveraine, dans la magnificence de ce principe absolu que l'homme devine, que sa pensée essaye de saisir, au sein duquel son âme aspire à se perdre. Entre ces contemplations philosophiques et l'art où elles se réalisent, le lien est étroit, constant, toujours affirmé. On le trouve bien nettement exprimé par ces magnifiques paroles où l'Empereur Yuan-ti, dès le vi[e] siècle de notre ère, développait une clairvoyance géniale. « De toutes les choses du ciel et de la terre, dit-il, auxquelles on peut donner un nom, la plus divinement inspirée est la nature. Elle met dans les êtres des formes d'une essence merveilleuse et subtile ; elle dessine les contours entrecroisés des chaînes de montagnes ; partant de profondes conceptions, elle s'élève jusqu'à des hauteurs sublimes, ou bien, d'un pinceau facile, elle met la magie de la couleur dans la minute infinitésimale. C'est pourquoi nous passons à la muraille peinte, et nous transportons sur elle la vie de la montagne et la cataracte rugissante[1]. »

Ces paroles admirables expliquent avec l'évidence de la vérité le caractère qui dirige l'art de l'Extrême-Orient. On y trouve tout à la fois la profondeur de la pensée philosophique et la volupté sans mesure d'un amant de la beauté. On comprend alors ce sens de la synthèse qui s'exprime si puissamment dans les œuvres, cet effort qui, au lieu de s'éparpiller dans les effets particuliers du paysage, de se diviser en notations fragmentaires, rassemble, au contraire, les éléments épars et les dresse dans une unité sublime. On comprend enfin ces impressions de puissance, d'harmonie, de gravité qui se dégagent avec tant d'éloquence des œuvres réalisées. L'idée est devenue le but principal et conscient du maître, encore doit-elle ne point s'arrêter aux éléments passagers et communs pour émouvoir l'esprit raffiné d'un amateur oriental. « Voler et marcher, rapidement ou lentement, dit un auteur du xie siècle, sont des idées superficielles et peuvent être aisément exprimées. Mais c'est une matière bien plus difficile que de représenter des idées de loisir, d'harmonie, de sévérité ou de quiétude, car elles sont d'un plus profond caractère[2]. »

Dans ce caractère, l'Extrême-Orient découvre la poésie des choses.

---
1. Giles. *Loc. cit.*, p. 32.
2. Giles. *Loc. cit.*, p. 131-132.

Elle sera grave et puissante dans l'art chinois; pleine de charme, vive, spirituelle, exquise dans l'art japonais; elle atteindra parfois, dans chacune de ces civilisations de l'Asie, les sommets les plus hauts qu'ait jamais gravis, dans l'histoire de la pensée, l'intelligence clairvoyante des grandes époques humaines; toujours, elle se répandra sur la multiplicité des êtres et des formes avec cette aisance que Ki-no Tsurayuki marquait au xe siècle dans la préface du Kokinshiu.

« La poésie du Yamato a le cœur humain pour semence et elle croît de là en multiples formes d'expression. Les hommes sont pleins d'activités diverses, parmi lesquelles la poésie est celle qui consiste à exprimer les pensées de leur cœur par des métaphores prises dans ce qu'ils voient ou entendent. En écoutant le rossignol chanter parmi les fleurs ou le cri de la grenouille qui demeure dans les eaux, nous constatons cette vérité que, de toutes les choses vivantes, il n'en est pas une qui ne profère un chant. C'est par la poésie que sont émus sans efforts le ciel et la terre et que sont touchés de sympathie les dieux et les démons invisibles à nos yeux[1]. » L'amour de l'homme se penche sur les êtres les plus infimes et, même, ce que le texte du Kokinshiu ne dit pas assez clairement, il s'étend jusqu'à la plante, jusqu'aux rochers, aux montagnes et aux pierres dont l'apparence exprime des sentiments, autant que le chant du rossignol ou le coassement de la grenouille. Un monde d'émotions travaille les choses ; à travers elles, transparaît l'action de cette force universelle qui ne se livre point et que l'homme devine. Le poète et l'artiste la saisissent, et en cela ils égalent le philosophe. Ils continuent sa pensée ; ils la commentent à leur manière. Le vaste système créé par le génie des sages chinois se livre à tout instant dans l'œuvre des peintres et lorsqu'on a saisi sa valeur, son sens précis, son essence même, lorsqu'on est conscient de tout l'effort intellectuel dont elle est imprégnée, on peut comprendre ces paroles profondes : « Les Japonais adorent les choses naturelles, non pour leurs beautés extérieures, *mais pour leur efficacité à suggérer des images mentales.*[2] » En cela gisent la puissance et la grandeur de l'art de l'Extrême-Orient tout entier.

II

Un semblable esprit va imprimer sa marque depuis les grands ensembles

---

1. Aston. *Littérature japonaise*, Paris, 1902, p. 58.
2. Sei-ichi Taki. *Characteristics of Japanese Painting*. Kokka, édit. anglaise, n° 183, p. 45.

de nature où les maîtres essayeront de fixer les idées de sublimité que suggèrent les aspects géants du monde, jusqu'aux éléments composants de ces vastes paysages, isolés de l'ensemble, traités pour eux-mêmes, saisis dans le frémissement de leur vie, afin d'exprimer par leurs formes un aspect singulier de cette âme universelle qui fait palpiter leur substance. L'idée philosophique va s'attacher à ces aspects divers et, s'arrêtant à certains d'entre eux, elle va créer toute une série symbolique : elle jouera, dans l'art oriental, le rôle que l'allégorie classique a joué dans le nôtre.

Puisque les Orientaux ont cherché, non pas à représenter l'image extérieure des objets, mais à exprimer l'âme qu'ils percevaient dans les choses puisqu'ils voyaient en elles, une poésie cachée, des idées et des sentiments surgissant avec la beauté de leur essence immatérielle, il n'est pas étonnant qu'ils se soient attachés plus particulièrement à certaines formes ; ils les choisissaient parce qu'elles leur paraissaient convenir davantage aux pensées secrètes de l'esprit.

Ainsi s'est constitué un système d'allégories familières à l'Extrême-Orient, comme toute la série des figures mythologiques est devenue familière à l'Occident. L'art oriental, dirigé par les théories philosophiques et les croyances des sages à l'âme du monde, n'ayant jamais considéré l'homme comme un être prédominant et de premier plan, ira chercher dans le monde animal, végétal ou minéral des formes par lesquelles il exprimera les flottements divers de sa pensée. L'art européen, dirigé au contraire par cette conception générale de la supériorité de l'homme, héritier des figurations de l'âge classique, ira chercher dans la forme humaine surtout, parfois seulement dans la forme animale, ses images allégoriques. Dans ce choix s'accuse la tendance qui dirigeait l'art de l'Extrême-Orient vers la compréhension de la nature la plus large et la plus sereine que l'humanité ait jamais atteinte. Pami les formes choisies, certaines deviennent le prétexte d'une construction philosophique où cet esprit se grave ; il s'oppose à cette comparaison un peu immédiate et puérile où bien souvent s'est complu notre système de symboles. La Philosophie, la Religion, l'art des jardins, l'art des fleurs, tout s'est composé de manière à fournir une base d'allégories et de traditions qui se sont exprimées dans le langage plastique. Il faut s'en pénétrer si l'on veut comprendre l'esthétique orientale. Ces éléments y jouent le même rôle, y soutiennent les mêmes allusions que les traditions grecques, bibliques et chrétiennes constituant le fond de notre art.

On voit alors surgir à mesure la série des types qui vont devenir les supports de l'idée mythique dans l'art oriental. Le paon, oiseau de bon augure, est le symbole du bonheur et de la longévité ; il appartient à cette catégorie de formes qui accompagnent le Lao-tseu légendaire du Taoïsme, avec la grue, emblème de longévité et la pêche fabuleuse qui met mille années à mûrir. Le cheval, l'un des anciens signes de la cosmogonie chinoise, classé sous l'élément du feu, devient parfois le symbole de l'esprit igné. « Il nous est dit par la tradition, écrit un auteur chinois, à propos du fameux peintre de chevaux Han Kan, que toutes les fois qu'il peignait un cheval, Han Kan accordait une grande attention à la saison et au temps (indiqués dans la peinture) et à la place et à la position de l'animal, avant d'établir la structure anatomique et la couleur du poil. C'était sans doute, parce que le cheval est classé sous l'élément du feu et parce que sa place correspondante est au sud ; de telle sorte que, soit que la couleur fût d'un gris bleuâtre, noire, tachetée ou blanche, elle était toujours conforme aux exigences du cycle et cela, avec un résultat vraiment splendide[1] ». Ici le lien établi entre la forme et les idées qui la gouvernent dépasse même le sens de l'allégorie et prend un caractère quasi magique. Il s'affirmera plus encore dans certains éléments de la peinture religieuse.

A côté du cheval, le gibbon, le singe à longs bras, considéré comme une espèce de mœurs douces et quasi humaines devient le symbole de la bienveillance tandis que le lion, introduit par la Perse et répandu dans tout l'Extrême-Orient par l'art bouddhique, prend des formes particulières et devient un animal fabuleux. C'est le symbole de la victoire, l'ornement commun des temples où il représente la prédication victorieuse du Bouddha. Il perd vite son aspect réel dans ces contrées où il ne vit point. Il est représenté suivant les indications des anciens textes chinois et japonais : « Avec une forme semblable à celle du tigre, une couleur fauve et quelquefois bleue, le regard pareil à celui du Muku-inu — un chien à long poil. — Il a une tête énorme pareille à du bronze, une longue queue, un front dur comme du fer, des griffes recourbées, des yeux comme des arcs bandés et des oreilles droites. Ses prunelles jettent des éclairs et son rugissement est pareil au bruit du tonnerre. »

Le lion est l'animal bouddhique par excellence ; mais, à côté de lui, deux formes animales jouent dans la peinture chinoise un rôle au moins égal au sien. Elles se rattachent non point à la conception religieuse, mais aux

---

1. Cf. Giles. *Loc. cit.*, p. 59.

anciennes idées, aux vieux mythes, aux formes séculaires de la cosmogonie : ce sont le tigre et le dragon. Ils s'opposent l'un à l'autre par leur forme naturelle comme par leur sens symbolique ; dès les plus anciennes périodes auxquelles se rapportent les témoignages écrits, on les voit représentés l'un à côté de l'autre, personnifiant l'opposition ou l'harmonie des deux principes qu'ils représentent. Le dragon est l'animal sacré par excellence, il est considéré comme l'ancêtre de tout ce qui porte plume ou écaille ; il domine la totalité du monde des oiseaux et du domaine des reptiles. Il personnifie le principe humide, les eaux de la terre et les brumes de l'atmosphère. A l'équinoxe du printemps, il monte dans les cieux, à l'équinoxe d'automne, il se retire dans son séjour favori des régions aquatiques. L'haleine qu'il exhale forme des nuages et le cache à demi ; on voit dans les peintures son corps écailleux surgir et disparaître parmi les caprices et l'écume des eaux. Dans les anciennes sculptures chinoises du Chan-tong, on trouve les traces de l'origine aérienne et primitive du dragon chinois. C'est un symbole céleste, le nuage, qui devient le représentant du ciel, le principe mâle, en opposition à la terre, principe femelle, fécondée par les eaux de la nue. « Depuis l'apparition du Taoïsme, dit M. Okakura, à travers l'art japonais et chinois, partout où l'Infinité doit être exprimée, on trouve ce symbole. Il signifie le pouvoir du changement, la souveraineté suprême [1]. »

D'autre part, le tigre constitue : « l'un de ces grands symboles traditionnels dont le sens est flottant plutôt que fixe, acquérant des significations nouvelles avec les fluctuations de l'esprit national. Il est généralement peint comme un pendant à la représentation du dragon, et semble défier les forces élémentaires et les rages de la nature qui s'opposent à l'âme universelle. Le tigre rugissant est un incessant défi à la terreur inconnue de l'esprit [2]. » Sa calme intrépidité devient la raison même du rôle que lui attribue la tradition. « Si ce roi des animaux rugit seulement, dit un auteur chinois, tous les autres êtres tremblent de peur et lorsqu'il jette son cri lugubre et prolongé, un souffle s'ébranle aussitôt et impose à la nature entière le silence et la soumission. » Dans la représentation des divinités tantriques du Bouddhisme du Nord, la peau de tigre est un attribut constant. Elle exprime la puissance des ténèbres nocturnes. Elle est ici un souvenir des anciennes formes mythiques de l'Inde.

---

1. Okakura. *Ideals of the East*, p. 61.
2. V. Binyon in Giles. *Loc. cit.*, note p. 131, et Binyon. *Painting of the Far East*, p. 60.

On voit la grandeur des idées, le sens indéfini et puissant que comportent ces formes. En opposant le dragon au tigre, l'Extrême-Orient oppose le principe humide et le principe terrestre, les mouvements impétueux de l'eau, les tourmentes déchaînées des nuages et la calme immobilité du rocher. La montagne enveloppée de brumes devient une autre expression de la même dualité où s'affirme la lutte perpétuelle des éléments du monde. L'esprit enfermé dans les apparences se dégage sans efforts et, par delà les formes sensibles, il livre à celui qu'étreint déjà l'émotion de la beauté, tout l'ensemble de ces idées profondes où la vie de l'univers se trouve évoquée.

III

Des conceptions analogues se sont attachées au monde végétal. Elles ont été parfois moins puissantes, plus subtiles, surtout lorsqu'elles touchaient au domaine de la fleur ; parfois tout aussi majestueuses lorsqu'elles mettaient en jeu la grandeur des pins séculaires, la gravité du bambou ou le charme virginal du prunier fleuri.

Il est impossible d'évoquer le végétal dans l'art d'Extrême-Orient sans voir apparaître tout aussitôt l'image du lotus. C'est la fleur sacrée par excellence. Elle naît dans les eaux bourbeuses et déploie sur l'impureté des marais l'éclat de ses pétales immaculés. De même le Bouddha surgit de l'océan des existences ; sa pureté demeure intacte dans la mer du péché ; sa parole bienheureuse délivre les multitudes de leur illusion sans espoir.

Les destinées du lotus dans la peinture religieuse ont fait de la magnifique fleur des marais, la compagne de toutes les figures saintes. D'autres fleurs, comme le chrysanthème, l'épidendrum ou le volubilis, se sont trouvées choisies par le goût de l'Extrême-Asie pour exprimer des pensées plus philosophiques que religieuses. L'épidendrum est souvent considéré comme le symbole de l'homme parfait et c'est un épidendrum qu'une main impériale peignit sur le rouleau des peintures du Kou K'ai-tche, au *British Museum*, « afin d'exprimer sa sympathie pour leur sens mystérieux et profond ».

L'*Asagao*, le volubilis que sa vie éphémère a fait appeler la gloire du matin, a souvent inspiré les poètes et les peintres d'une pensée mélancolique et fugitive. « Le volubilis ne fleurit qu'une heure, dit Matsunaga Teitoku, et cependant, il ne diffère pas dans son cœur du matsu, du pin qui peut vivre mille ans », et Kinsô ajoute ce commentaire philosophique :

« A mon avis, ces vers ont un sens profond. Nombre de poèmes, dont plusieurs fort anciens, ont été composés sur le volubilis ; la plupart font allusion à la brièveté de son existence et l'associent au sentiment que nous inspire l'automne ; il symbolise aussi la fragilité des choses de ce monde... Mais n'est-il pas déplaisant et forcé d'identifier la gloire et le déclin, une vie robuste et une mort prématurée ? Le vulgaire peut se complaire dans cette pensée, elle n'en est pas moins superficielle. De pareilles idées ne sont que rabâchages de Gautama, et ne vont à rien moins qu'à lécher les crachats de Tchouang-tseu (Soshi). Moi, je ne puis attribuer ce sens aux vers de Matsunaga. Non, Messieurs, voici le sens que leur attribue le vieux philosophe : — Celui qui, le matin, a trouvé la voie, peut mourir heureux le soir. Fleurir le matin, attendre les rayons du soleil, puis mourir, tel est le sort que le volubilis a reçu du ciel. Il existe des pins qui ont vécu mille ans, mais le volubilis qui doit si tôt périr, jamais ne s'oublie un moment ou ne se montre envieux d'autrui. Chaque matin, les fleurs éclosent, belles jusqu'à l'enchantement, elles épuisent la vertu naturelle qui leur a été concédée, puis, elles se dessèchent. Et par là elles montrent leur fidélité à leur devoir. Pourquoi considérer cette fidélité comme vaine et sans profit ?

« Le pin agit de même que le volubilis, mais comme celui-ci a une vie plus courte, il démontre ce principe d'une manière plus saisissante. Ce n'est pas que le matsu songe à ses mille ans ou l'asagao à sa vie d'un jour. Chacun fait simplement ce qu'il doit faire. Sans doute, la destinée du volubilis diffère de celle du pin, cependant leur destinée concorde en ceci que l'un comme l'autre, ils remplissent les destins du ciel et s'en montrent satisfaits. Matsunaga souhaitait que son cœur fût pareil au leur, et c'est pourquoi il a composé ce poème sur le volubilis [1]. »

Le commentaire du philosophe montre quelles idées peuvent se trouver encloses sous la forme frêle du volubilis comme dans la structure puissante du pin. Celui-ci, avec son feuillage toujours vert, devient l'emblème d'un ferme vouloir, d'une longue et forte vitalité. La croyance populaire ajoute encore au symbole des philosophes et elle raconte que ses feuilles en aiguille ont le pouvoir de mettre en fuite les démons.

1. Cf. de la Mazelière, *Japon*, III, p. 319.

Tandis que le pin évoque l'idée de la volonté et de la vie, l'érable rouge symbolise l'automne, et le cerisier, le printemps. Le premier semble enfermer dans son feuillage ensanglanté toutes les morsures qui attaquent les frondaisons de l'été. Dans sa couleur rutilante, l'automne tout entier s'est concentré, il l'exprime avec cette puissance, cette sûreté du choix et du goût que l'Extrême-Orient a marqué dans chacun de ses efforts. Le cerisier, au contraire, avec le charme exquis de ses fleurs, évoque des idées plus douces que les flamboiements de l'érable. « Cultivés ou non cultivés, les cerisiers japonais sont des emblèmes et ce n'était pas pour leur charme seul qu'étaient chéris ceux qu'on voyait plantés dans les jardins des anciens samouraï. Leurs fleurs immaculées symbolisaient cette délicatesse de sentiment et cette pureté de vie qui sont l'apanage de l'honneur et de la véritable chevalerie. De même que la fleur du cerisier est la première parmi les fleurs, dit un vieux proverbe, ainsi doit être le guerrier, le premier parmi les hommes [1]. »

IV

Mais les grands symboles philosophiques se sont attachés surtout au bambou et au prunier. Dès les anciennes périodes, le bambou, avec la gravité de son port, l'austérité de ses formes, la dignité et la noblesse de son maintien apparut comme l'image même de la sagesse. La peinture de bambous constitua une sorte de spécialité subtile ; le peintre qui s'y consacrait pouvait épuiser tous les aspects du monde et de l'âme dans les recherches raffinées et complexes que suggérait cet art. Les livres chinois parlent avec admiration de toute une lignée de peintres de bambous qui laissèrent des œuvres où l'observation de la nature se mêlait à une grande culture philosophique. Souvent, afin de demeurer plus proches de cette gravité abstraite de la pensée, ces maîtres dédaignaient la couleur et ne faisaient appel qu'aux ressources de l'encre de Chine dont ils savaient varier avec une liberté prodigieuse les effets de clair-obscur, de puissance ou de délicatesse dans la teinte savoureuse d'une matière qui, à elle seule, constitue une volupté. C'est ainsi que peignait le prince Kiun au xie siècle. Suivant les anciens textes, il avait su exprimer avec un charme non pareil les tiges aux nodosi-

---

1. Lafcadio Hearn. *Le Japon inconnu*, p. 221-222.

tés régulières, les feuilles luxuriantes, balancées mollement sous la brise, étincelantes sous la rosée, et les bouquets de bambous balayant les nuages, ou bien tamisant, à travers le fouillis de leurs feuilles, la lumière de la lune.

Souvent les maîtres de la peinture du bambou laissèrent des traités ou ils exposèrent les idées subtiles dégagées de l'âme végétale. L'histoire et la tradition sont d'accord pour dire la difficulté d'un tel art, le travail considérable qui dut être effectué pour aboutir à la perfection. On en trouvera un exemple dans les lignes consacrées par un écrivain chinois à Li K'an (XIVe siècle). Celui-ci, fameux dans la peinture de bambous, laissa deux livres dont l'un traite du bambou peint en blanc et noir et l'autre du bambou peint en couleur. « Lorsque Li K'an était enfant, dit l'ancien texte, il vit un jour un artiste qui peignait quelques bambous et il nota les progrès de la peinture. Tout d'abord, il crut qu'il pourrait faire la même chose, mais il découvrit bientôt que ses efforts étaient impuissants et il abandonna à contre-cœur sa tentative. Plus tard, il devint l'élève ambulant d'un artiste nommé Houang, et il donna sa plus grande attention aux études de bambous peintes par son maître à l'encre de Chine ; mais une fois de plus, il ne put aboutir à des résultats satisfaisants et il dut abandonner la lutte. Vers [1265 ap. J.-C.] il vint à Ts'ien-t'ang (dans le Tchö-kiang) et là il obtint une peinture de Wen T'ong qui provoqua en lui tant d'enthousiasme qu'il voua toute son énergie à l'étude de son style et aussi au bambou peint avec l'addition de la couleur verte. Il avait coutume de dire : « La peinture du bambou en blanc « et noir et en couleur ont commencé toutes deux sous la dynastie des T'ang ; « pourtant, depuis le temp de Wou Tao-Tseu jusqu'à ce jour il n'y a eu que peu « d'artistes éminents dans ce genre ». Les beaux dessins de Wang Wei sont aujourd'hui peu nombreux, de même des œuvres de Siao Yue sont difficiles à trouver ; elles sont maculées et effacées par l'âge ; Houang Ts'iuan peignit l'esprit sans forme ; Ts' ouei Po, la forme sans esprit ; Li K'an seulement, par la perfection de sa méthode, a réussi à réunir les deux [1] ».

Si la peinture de bambou apparut comme une chose si difficile, si, d'autre part, elle fut tenue en si haute estime, c'est qu'elle s'attachait à dégager des choses une expression de cette âme universelle cachée, pour les Orientaux, sous les apparences du monde. Ce n'est point par un pur hasard que se constitua la légende, si souvent évoquée par les artistes, des sept Sages

---

1. Cf. Giles. *Loc. cit.*, p. 139-140.

errant dans la forêt de bambous, parmi les solitudes qu'ils avaient choisies pour leurs discussions philosophiques et leurs méditations. Le bambou, c'est la sagesse elle-même ; l'âme végétale qui vit en lui a cette gravité, cette tenue, cette dignité qui se traduisent dans le port extérieur de la plante ; cette idée, si profonde, est si ancienne aussi qu'on la trouve exprimée déjà dans les comparaisons poétiques du Livre des Vers :

> Regarde, là-bas, ce tournant de la Ki,
> Il est couvert de bambous verdoyants :
> Notre Prince lui ressemble. Orné de toutes les vertus,
> Il imite l'ouvrier qui coupe et lime l'ivoire,
> Il imite celui qui taille et polit une pierre précieuse,
> Il est sévère à lui-même, courageux, distingué, majestueux.
> Ce Prince vertueux et sage
> Ne pourra jamais être oublié[1].

Austères, dignes et graves, tels ils apparaissaient dans la nature, tels ils surgissent dans l'œuvre peinte, les bambous dont la forme parfaite était l'image même du Prince sage et vertueux. Et puisque leur âme est si visible, puisque leur esprit est si supérieur, on comprend les instructions que le peintre Wen Tcheng-ming, au XVIe siècle, donnait à ses élèves, lorsqu'il les avertissait que les bambous, près de Nanking, étaient habités par des âmes humaines et ne pouvaient être transposés dans la représentation picturale[2]. Les souffles errant dans l'océan des existences venaient animer pour lui des formes parfaites et dont, sans doute, dans le bruissement mystérieux des soirs, il avait entendu clairement la voix.

V

Ces idées sont devenues plus précises, plus graves encore lorsqu'il s'est agi du prunier. On trouve aussi dans le Livre des Vers des comparaisons qui prêtent une valeur particulière à la fleur de l'arbre ; la magie de leurs pétales blancs, jetés sur les branches vigoureuses, est apparue dès longtemps à l'art oriental comme l'expression d'une âme intérieure dont la pureté était l'image même de la Vertu et de la Douceur.

---

1. Cf. *Ta Hio*, trad. Couvreur, p. 9.
2. Cf. Giles. *Loc. cit.*, p. 161.

C'est avec la dynastie des Song, dans le grand mouvement de rénovation philosophique qui la caractérise, que s'ouvre l'âge d'or de la peinture du prunier. Jadis, on avait suivi plus étroitement la réalité objective. On n'était pas encore parvenu à dégager l'essence spirituelle de l'arbre des formes qui l'emprisonnaient. Les peintres étaient fascinés par la couleur brillante, l'éclat immédiat. Malhabiles à saisir l'intimité de l'âme végétale, ils s'attachaient encore trop directement à la forme et à la couleur. Le développement des idées et de la culture devait seul leur permettre de saisir, dans le domaine plastique, ce symbole que les philosophes et les poètes connaissaient déjà et qui avait figuré, comme motif ornemental, sur les anciens bronzes.

La sévérité, la gravité, l'abstraction qu'apportait le procédé nouveau du monochrome devait prendre tout son développement dans la représentation de l'arbre qui, au caractère frémissant de la vie, ajoutait les conceptions philosophiques et l'émouvant mystère du mythe. Il fut pratiqué d'abord par un prêtre, le peintre Tchong Jen. Kiao Fan et Yin Po furent les premiers auxquels il enseigna ce que les critiques orientaux appelèrent un « don divin ». Avec Yang Pou-tche, aux temps des Song méridionaux, cet art atteignit, dit-on, sa perfection.

Alors, la représentation de la forme immédiate, vue dans son sens réaliste et pesant, céda la place à des conceptions où la subtilité de l'esprit philosophique s'affirmait tout entière. La prédominance de la secte Dyâna, si accusée durant le règne des Song et, d'autre part, le principe d'unification de la calligraphie et de la peinture y jouèrent aussi leur rôle. Tchong Jen devait laisser sur la philosophie du prunier en fleur, un traité, le *Houa kouang mei p'ou* qui dévoile la nature des idées alors intégrées dans la représentation plastique. Au chapitre « de la dérivation des formes », il expose que le prunier est comme un symbole, une réduction, une image de l'univers. Ses fleurs représentent le Yang ou principe positif, elles s'identifient avec le ciel de la philosophie chinoise, tandis que le tronc et les branches représentent le Yin ou principe négatif et, par conséquent, s'identifient avec la terre. Développant ensuite cette proposition fondamentale, il explique que les différentes parties de la fleur, les pétales, les étamines, les pistils, le calice sont toujours impairs en nombre tandis que les différentes parties de l'arbre lui-même, telles que les branches et les feuilles sont de nombre pair. Considérant ensuite le prunier au point de vue de la philosophie morale, le prêtre ajoute : « Il existe dans le prunier un système hiérarchique qui fait que ses branches ne croissent jamais de tous côtés, les fleurs ne naissent point non plus au hasard, mais chacune occupe sa position propre... Les branches combinent la puissance et le raffinement respectif des armes et des lettres, les fleurs demeurent toutes dans la relation des suivantes vis-à-vis de leur maître ; les petites branches, les unes longues, les autres courtes, représentent les relations parentales tandis que les pistils et les étamines représentent les relations de l'épouse et de l'époux[1]. »

Lorsque le peintre voit dans le prunier en fleur une construction si étendue et si précise qu'elle constitue un véritable résumé de la totalité du monde, son œuvre ne peut être que dominée par la puissance des symboles et la tendance philosophique de l'esprit. Cependant, dans ces peintures monochromes que l'on peut attribuer à des maîtres et que l'on possède encore, on ne peut pas ne pas être frappé du frémissement de vie qui caractérise les formes[2]. Rien de ce qui rend la réalité si attachante n'a été oublié, mais, au delà de la réalité même, quelle spiritualité sublime s'évoque ! Balancées sous le souffle du vent, les branches sur lesquelles éclate la magie de la fleur ont quelque chose qui échappe à la matière. C'est un rêve apparu, un songe traversé d'idées grandioses et si les principes du vieux prêtre n'y sont point écrits clairement, ils se devinent dans l'émotion prodigieuse qui jaillit ; elle mène bien vite au delà du réel ; elle évoque, dans le sentiment de l'infini, la puissante construction en laquelle se résume la philosophie chinoise tout entière.

*

Ces idées auxquelles on ne peut refuser une grandeur singulière, ont fait l'inspiration qui surgit dans l'art de l'Extrême-Orient tout entier. Quelles que soient les images, elles prennent toutes un sens émouvant, un sens qui leur enlève la froideur d'une réalité trop parfaite pour les livrer au domaine de la passion. La pierre, elle aussi, a pris sa part de symboles. Tandis que le cristal de roche représente la quintessence des eaux, le jade devient la plus belle substance où puisse s'incorporer la pensée humaine. « Aux yeux du sage, dit le Li-ki, le poli et le brillant du jade figurent la vertu d'humanité ; sa parfaite compacité et sa dureté extrême représentent la sûreté de l'intelligence ; ses angles qui ne coupent pas, bien qu'ils paraissent tranchants, symbolisent la justice ; les perles de jade qui pendent au chapeau et à la ceinture figurent le cérémonial ; le son pur et soutenu qu'il rend quand on le frappe et qui, à la fin, s'arrête brusquement est l'emblème de

---

1. Cf. Kosaku Hamada. *Plum trees as an art subject in China*, Kokka, n° 195, p. 401 à 406.
2. Voir planche n° VI.

la musique ; son éclat irisé rappelle le ciel ; son admirable substance, tirée des montagnes et des fleuves, rappelle la terre... »

On voit combien cet ensemble de comparaisons identifiant le système philosophique du monde aux formes et aux éléments de la nature, se trouve répandu et divers. Il est général dans la culture ; il la pénètre tout entière ; de telle sorte que le monde se trouve évoqué dans un sentiment dominé par son contenu philosophique. Peignant la fleur ou l'insecte, le bouddhiste évoquera, dans la forme infime et lointaine, une âme emprisonnée, qui lutte, qui souffre, qui pleure et qui, à travers les douleurs et les amertumes, essaye péniblement de s'élever dans le cycle des mondes afin de renaître plus tard, après des périodes séculaires, dans le paradis du Sage, où reposent les êtres sans désir. Dans les caprices de la nuée et dans la cime orgueilleuse, dans l'espace immense de la nature éternelle, le laoïste évoquera ces principes mâle et femelle dont l'union crée le monde ; ils se réalisent dans les catégories des choses ; ils se déploient devant lui, avec la magie des solitudes où s'égare son rêve ; le confucianiste, enfin, verra l'ordre, l'harmonie, la puissance, dans l'ordonnance de l'univers ; il cherchera la sagesse dans la mesure des destinées. On comprend alors cet esprit poétique qui fait plus que comparer, qui identifie, le sommet dominant les montagnes à l'hôte éternel, à la puissance que le monde humain réalise dans le Prince vertueux ou le Sage ou le Saint ; ou bien qui, avec la lune apparue sur les étendues mortes de la nuit, évoque le temps qui passe, les lunes de jadis qui ont mesuré les temps d'autres siècles, celles du futur pour lesquelles le présent ne sera plus qu'un rêve insaisissable, compagnes, dans les solitudes éthéréennes, de ces fleuves qui s'écoulent dans les plaines ouvertes et dont le courant entraîne des ondes qui ne reviendront jamais plus. La structure du monde, l'écoulement des choses, voilà le rêve mélancolique et puissant enfermé dans l'image peinte. L'esprit philosophique les évoque avec la réflexion grave, le savoir calme et magnifique que la Chine enseigna à l'Asie Orientale. C'est cette harmonie sublime, cette pensée audacieuse qui jaillissent lorsque les maîtres, de leur pinceau capricieux, ondoyant et subtil, évoquent le songe austère qui habitait leur cœur.

VI

La tendance anthropomorphique de l'Occident, son dédain de la nature ont été tels que, pour exprimer le Temps, la Justice, l'Amour, la Vertu et nombre d'idées générales qui jouent le plus grand rôle dans les expressions humaines, ses artistes ont imaginé un vieillard avec des ailes, une faux et un sablier, ou bien une grave matrone pesant dans ses balances le crime et le châtiment, ou bien un petit enfant ailé, ou bien une femme voilée des plis majestueux de la toge romaine. Les Orientaux, pour lesquels l'homme gardait ses proportions réelles dans l'immensité du monde, n'ont pas eu besoin de ces allégories qui nous sont familières. Ils ont choisi les images, évocatrices des idées, dans les formes naturelles; celles-ci à leur tour, vues dans une structure correspondant aux principes définis par la philosophie, ont gardé le contact le plus étroit avec les sentiments ou les idées évoquées. Une montagne, surgissant parmi les brumes, exprimera l'opposition des principes constituants du monde, elle s'imprégnera d'un sens de gravité et de noblesse; un cerisier fleuri dira le printemps, comme l'érable rouge exprimera l'automne et, pour évoquer la Vertu dans son sens abstrait, il suffira d'une branche de prunier chargée de fleurs frémissantes sous la brise. Ce ne sont point même des allégories, c'est la réalité de l'âme naturelle, de l'esprit caché dans les choses.

« Les anciens maîtres, dit T'ang Heou dans le *Houa kien*, ont toujours enfermé quelque pensée profonde dans leurs peintures. Ils n'ont jamais posé le pinceau sur la soie sans être dominés par une idée[1] », et Hia Wen-yen donne une autre expression de cette conception fondamentale lorsqu'il écrit ces mots singuliers et poétiques : « Nous devons regarder une peinture comme nous le faisons d'une belle jeune fille dans laquelle existe un charme caché, entièrement distinct du contour des formes[2]. »

On comprend alors pourquoi ces maîtres ont eu besoin de la solitude. L'idée devait jaillir après des méditations profondes, après une longue contemplation. Ils laissaient d'abord parler l'immense poésie des choses; penchés sur les beautés infinies du réel et du rêve, ils écoutaient de grandes voix murmurer à leur oreille des mots que seul un esprit

---

1. Giles. *Loc. cit.*, p. 147.
2. Giles. *Loc. cit.*, p. 148.

purifié pouvait comprendre. Ils étaient les véritables ascètes d'un art qui s'était donné pour but d'exprimer les mystères cachés au delà des apparences. Le temps n'était rien pour eux, ils attendaient de la pulsation géante des univers l'écho dont la vibration devait éveiller dans leur âme le pouvoir souverain de créer l'image palpable du songe. Jour après jour, au seuil de ces ermitages accrochés au flanc des montagnes, ils venaient s'asseoir, les jambes croisées, sous la frondaison de quelque pin séculaire. Ils contemplaient les couleurs changeantes du paysage, puis, lorsque l'émotion s'éveillait, que l'idée jaillissait, ils prenaient leur pinceau et se mettaient au travail. Ils pouvaient alors, comme le dit Sou Tong-p'o « entrer en communion avec toutes les choses et pénétrer les mystères de la nature ». Le rocher lui-même s'animait d'un souffle géant ; la vie universelle dévoilait le thème sur lequel allait s'exercer leur pouvoir créateur. Il leur fallait le silence, le repos, l'oubli des vaines agitations du monde. « Sens-tu dans le sol de ton âme, dit un philosophe japonais, frémir les germes de tendres pensées, laisse éclore ces germes dans le silence et dans le secret ; parler les ferait mourir. »

Ces philosophes qu'ils furent eux-mêmes, dans les solitudes naturelles, les peintres de l'Extrême-Asie les ont souvent représentés, rêvant devant la porte de leur abri de chaume ou marchant dans l'immensité de paysages prodigieux. La magie des apparences a revêtu leur pensée d'un pouvoir d'émotion dont l'effet envahit l'âme entière. Le sens de l'Universel s'exprime dans le cadre limité de leurs compositions. Ces paysages montagneux, noyés dans le caprice des brumes, ils les ont évoqués comme aucun peintre occidental ne l'a fait. Ils n'ont pas éprouvé cette difficulté subie par l'Européen lorsqu'il essaye de concevoir et de saisir les formes en dehors de l'échelle humaine. Il nous a fallu le sentiment, tout moderne, de la nature pour voir dans le sommet déchiqueté autre chose qu'un cataclysme écrasant. La grandeur même des pensées qui dirigeaient l'art d'Extrême-Orient l'a sauvé de cette impuissance. Pénétrés de l'essence de la nature, ses maîtres pouvaient mépriser la réalité trop prochaine. Et dans ces paysages fantastiques et grandioses où s'expriment tour à tour le pessimisme profond du Bouddhisme et la conception géante des philosophes, on voit s'écouler les formes de Maya, la grande illusion qui anime le monde, ou les beautés absolues du Paradis d'Amida, ou les sommets lointains sur lesquels vivent les Sages, dans ces îles bienheureuses qui hantèrent les rêves des solitaires laoïstes.

La beauté est si absolue, l'esprit si digne et si grave qu'on ne peut guère exprimer par des mots la sublimité des grandes œuvres orientales. Ce sont les paysages de l'école du Nord, avec les silhouettes hardies des montagnes surgissant de la brume, les plaines qui fuient dans la vapeur indistincte, les pins énormes qui dominent le rocher dont la base lointaine est battue par les eaux, ou bien l'exquise sérénité de l'école du Sud avec les feuillages délicats des arbres, les silhouettes rêveuses des lointains, le charme profond, la volupté sans mesure d'un raffinement plein d'ivresses. Puis, à côté des peintures chinoises, c'est la grâce indicible du paysage japonais, avec ses vapeurs éparses sur les grandes étendues d'eaux que traversent des barques au glissement silencieux ; c'est la lune éclairant de sa lueur magique et pleine de mystère, la structure anguleuse du rocher, dessinant la silhouette de la montagne ou passant dans un ruissellement de clartés argentines à travers les branches des arbres ; ce sont enfin les paysages du grand Sesshiu qui, après avoir parcouru la Chine en prêtre bouddhique, errant de monastère en monastère, dans la solitude où il se retira, réalisa les images de son rêve. Des sommets orgueilleux que couronne la frondaison des pins ; des plaines écrasées sous la domination de la montagne ; des arbres évoqués avec cette délicatesse extrême, cette compréhension profonde, cette familiarité avec la nature qu'a permises seulement la croyance bouddhique, telles sont les visions admirables surgies de sa pensée. Ce sont les suggestions puissantes de l'ombre, les ivresses divines de la lumière ; les paysages, images du désir, de la foi, de la grandeur et de la dignité de l'âme ; ce sont les souffles subtils du printemps, le calme de l'été, les épaisseurs ouatées de la neige et le frémissement de l'automne.

Le monde enferme des mystères épars ; il exprime des forces obscures ; il déguise des principes dont l'humanité soupçonne la grandeur formidable et sacrée. L'âme doit être douée d'une volonté puissante pour contempler sans faiblir ces choses qui sont à la limite du pouvoir compréhensif et conscient de l'homme. Ici, en Occident, nous les avons toujours refoulées derrière les conceptions religieuses et le mythe de la révélation. Si nous avons connu l'essence divine, nous l'avons tout aussitôt réduite aux proportions médiocres du démiurge chrétien. L'Extrême-Orient, lui, n'a pas donné de nom à cette Immensité sans mesure révélée par la clairvoyance de l'esprit dans la première fraîcheur de sa vie. Il a compris qu'il ne pouvait prendre le sens de l'Universel qu'au sein de la nature elle-même ; il a cherché à lui arracher ses secrets prestigieux ; il s'est fait du monde une image dont la sérénité et la grandeur ne peuvent que s'imposer. Sa philosophie s'est constituée si solidement sur ce principe éternel que, le jour venu où l'élan mystique devait entraîner les âmes, les croyances les plus désordonnées n'ont pu entamer la gravité et la noblesse de sa pensée. Toutes les rafales ont passé dans le sentiment de ces peuples ; tous les mouvements de l'esprit ou du cœur les ont agités de leurs tumultes, l'image de ces efforts s'est gravée dans toutes les expressions de leur art ; jamais ils n'ont failli à la tradition séculaire des origines. Ils ont gardé malgré tout, le contact de ces idées qui avaient dégagé du chaos leurs civilisations aux cadres harmonieux. Fidèles à la conception qui berça l'enfance de leur pensée, ils passèrent des cosmogonies monstrueuses des premiers âges à la puissance du principe universel et unitaire des philosophes. Ils habitèrent, dans le monde, au sein même de l'absolue vérité. Toutes les activités de leur esprit ont reflété cette vigueur tenace, ce sentiment poétique et profond, cette intelligence souveraine des choses et c'est ainsi que les conceptions formulées avant Lao-tseu par les sages de l'antiquité s'exprimèrent dans l'œuvre d'art lorsque le raffinement de la culture eut besoin de la volupté des images pour commenter le travail de l'esprit. Ce rayonnement prodigieux vivait encore lorsque l'Extrême-Orient subit le contact brutal de l'Europe. Il vient d'une source qui dépasse les contingences étroites d'un moment historique, il entre dans ces choses éternelles que demeurent présentes à l'humanité tout entière. Il éclaire des sommets que l'homme atteindra peut-être encore, mais qu'il ne dépassera jamais plus. L'effort asiatique a mené l'intelligence jusqu'à ces limites au delà desquelles s'étend l'océan des forces dont la nature échappe à la compréhension de l'homme. Pour exprimer le remous profond que ces choses évoquent dans l'âme humaine, il a fallu la magie des formes, les évocations imprécises et lointaines par lesquelles le pouvoir d'exprimer se prolonge dans le sentiment. L'art a prêté aux plus vastes conceptions du génie philosophique l'émouvant commentaire des œuvres pleines de voluptés et de magnificences. C'est pourquoi, dépassant les limites de l'Extrême-Asie, son génie rayonne sur les grandes civilisations de la terre. Il a créé des images et des idées que rien ne peut abolir ; il participe de cette loi d'éternité qui s'attache au travail séculaire des hommes et que la fervente imagination des anciens âges attribuait à ses dieux.

INDEX DES NOMS DE PEINTRES

I

PEINTRES CHINOIS

Chen Kie-tcheou.	沈芥舟	(XIe siècle)	127
Chen Tcheou.	沈周	(XVe siècle)	94
Fan K'ouan.	范寬	(X^e-XIe siècles)	94, 113
Han Kan.	韓幹	(VIIIe siècle)	138
Han Tcho.	韓拙	(XIIe-XIIIe siècles)	125, 130
Hia-Kouei.	夏珪	(XIIe-XIIIe siècles)	94
Hia Wen-yen.	夏文彥	(XIVe siècle)	94, 148
Houang Kong-wang.	黃公望	(XIIIe siècle)	94, 115, 120
Houang Ts'i.	黃齊	(XIIe siècle)	113, 128
Houang Ts'iuan.	黃筌	(Xe siècle)	143
Jao Tseu-jan.	饒自然	(XIVe siècle)	121, 129, 130
Kao K'o-ming.	高克明	(XIIe siècle)	113
King Hao.	荆浩	(Xe siècle)	94
Kio Fan.	覺範	(XIe siècle)	145
Kiun.	頵	(XIe siècle)	142
Kiu Jan.	巨然	(Xe siècle)	94
K'iu Tcho.	屈衸	(XVe siècle)	113
Kouan T'ong.	關仝	(Xe siècle)	94
Kouo Hi.	郭熙	(XIe siècle)	52, 120, 125, 126
Kou K'ai-tche.	顧愷之	(IVe-Ve siècles)	50, 69, 85, 86, 87, 88, 92, 94, 95, 99, 111, 140
Kou Yen-wou.	顧炎武	(XVIIe siècle)	93
Lieou Pao.	劉褒	(IIe siècle)	72
Lieou Yuan.	劉瑗	(XIIe siècle)	94
Li Chen.	李眞	(VIIIe-IXe siècles)	82
Li Cheng.	李昇	(Xe siècle)	94, 114
Li K'an.	李衎	(XIVe siècle)	50, 143
Li Kong-lin.	李公麟	(XIe-XIIe siècles)	50

INDEX DES NOMS DE PEINTRES

Li Long-mien.	李龍眠	(XIe-XIIe siècles)	94, 118, 119
Li Sseu-hiun.	李思訓	(VIIIe siècle)	94, 95, 96
Li Tch'eng.	李成	(Xe siècle)	94, 113, 130
Lou T'an-wei.	陸探微	(Ve siècle)	94
Ma Yuan.	馬遠	(XIIe-XIIIe siècles)	94
Mi Fei.	米芾	(XIe-XIIe siècles)	50, 52
Ni Tsan.	倪瓚	(XIVe siècle)	113
Pi Hong.	畢宏	(VIIIe siècle)	119
Siao Yue.	蕭悅	(IXe siècle)	143
Sié Ho.	謝赫	(Ve siècle)	84, 88, 90, 91, 92, 98, 112, 120
Song Ti.	宋迪	(XIe siècle)	117
Souen Tche-wei.	孫知微	(XIe siècle)	50
Sou Tong-p'o.	蘇東坡	(XIe siècle)	50, 95, 118, 119, 149
T'ang Heou.	湯垕	(XIVe siècle)	148
T'ao Tsong-yi.	陶宗儀	(XIVe siècle)	124
Tchang Heng.	張衡	(Ier siècle)	72
Tchang Seng-yeou.	張僧繇	(VIe siècle)	94
Tchang Ts'ao.	張璪	(VIIIe siècle)	113, 119
Tchao Meng-fou.	趙孟頫	(XIIIe siècle)	50, 94, 96, 99, 111
Tchao Tch'ang.	趙昌	(XIe siècle)	115
Tchao Yuan-tch'ang.	趙元長	(Xe siècle)	50
Tchong Jen.	仲仁	(XIe siècle)	145
Tchong Li.	鍾禮	(XVe siècle)	113
Tong K'i-tch'ang.	董其昌	(XVe-XVIe siècles)	100
Tong Yuan.	董源	(XIe siècle)	87
Ts'ai Young.	蔡邕	(Ier siècle)	72
Ts'ao Pou-hing.	曹不興	(IIIe siècle)	84
Ts'ouei Po.	崔白	(XIe siècle)	143
Wang Che-tcheng.	王世貞	(XVIe siècle)	94
Wang Hi-tche.	王羲之	(IVe siècle)	85
Wang Meng.	王蒙	(XIVe siècle)	94
Wang Yi.	王廙	(IVe siècle)	85
Wang Wei.	王微	(Ve siècle)	92
Wang Wei.	王維	(VIIIe siècle)	50, 85, 93, 95, 96, 98, 99, 111, 114, 120, 124, 143
Wei Hie.	衛協	(IIIe-IVe siècles)	85
Wen Tcheng-ming.	文徵明	(XVIe siècle)	144
Wou Tao-tseu.	吳道子	(VIIIe siècle)	94, 95, 143
Yang Pou-tche.	楊補之	(XIIe siècle)	145
Yin Po.	尹白	(XIe siècle)	145
Yi Yuan-ki.	易元吉	(XIe siècle)	113, 114
Yuan-ti.	元帝	(VIe siècle)	135
Yu Kien.	玉澗	(XIIIe siècle)	113

II
PEINTRES JAPONAIS

Eishin-sôzu.	惠心僧都	(Xᵉ-XIᵉ siècles)	80
Hiroshighé.	廣重	(XIXᵉ siècle)	109
Hokusai Katsushika.	葛飾北齋	(XVIIIᵉ-XIXᵉ siècles)	109
Kôbô Daishi (Kukai).	空海	(VIIIᵉ-IXᵉ siècles)	82, 98
Koêtsu.	與悅	(XVIᵉ-XVIIIᵉ siècles)	108
Kôrin.	光琳	(XVIIᵉ-XVIIIᵉ siècles)	108
Okio.	應擧	(XVIIIᵉ siècle)	109
Sesshiu.	雪舟	(XVᵉ siècle)	50, 106, 108, 113, 115, 150
Shiba Kokan.	司馬江漢	(XVIIIᵉ-XIXᵉ siècles)	109
Shojo Shokwado.	昭乘松花堂	(XVIIᵉ siècle)	50
Shugetsu.	醉月	(XVᵉ-XVIᵉ siècles)	114
Sôami.	相阿彌	(XVᵉ siècle)	106
Sôtatsu Nomura.	野村宗達	(XVIIᵉ siècle)	108
Toba sojo.	鳥羽僧正	(XIIᵉ siècle)	106

I
LES SIX PRINCIPES DE SIÉ HO 謝赫

1° 氣韻生動
2° 骨法用筆
3° 應物象形
4° 隨類賦彩
5° 經營位置
6° 傳模移寫

II
LES DIX-HUIT SORTES DE TRAITS

1°   雨天皴
2°   亂柴皴
3°   攀頭皴
4°   鬼皮皴 ou 骷髏皴
5°   大斧劈皴
6°   小斧劈皴
7°   馬牙皴
8°   折帶皴
9°   披麻皴
10° 亂麻皴
11° 荷葉皴
12° 解索皴
13° 雲頭皴
14° 芝麻皴
15° 牛毛皴
16° 彈渦皴
17° 破網皴
18° 卷雲皴

TABLE DES PLANCHES

PLANCHE I

PAYSAGE CHINOIS. MAITRE INCONNU (VIIIe-IXe siècle). Collection du Temple de To-ji, gravé par K. Egawa, tiré en couleurs par T. Tamura. . . . . Frontispice

PLANCHE II

BRONZES ARCHAÏQUES CHINOIS (Collection de M. Kichizaemon Sumimoto). I. Vase Ho 盉. — II. Vase You 卣. — III. Vase Yen 甗. — IV. Vase Tsio 爵. — V. Vase You 卣 17

PLANCHE III

PAYSAGE, PAR MA YUAN 馬遠 (XIIIe siècle). Collection du vicomte Mitsuoki Tanaka, gravé par K. Egawa, tiré en couleurs par T. Wada 33

PLANCHE IV

PAYSAGE, PAR SOUEN KIUN-TSE 孫君澤 (XIIIe-XIVe siècle). (Collection du Temple Yôtoku-in. 49

PLANCHE V

PAYSAGE ATTRIBUÉ A YEN TS'EU-P'ING 閻次平 (XIIIe siècle). Collection du vicomte Okimoto Akimoto; gravé par S. Izumi, tiré en couleurs par T. Wada. 65

PLANCHE VI

PRUNIER EN FLEURS AGITÉ PAR LA BRISE, PAR LOU FOU 陸復 (XVe siècle). Collection du vicomte Tadakazu Okubo. 73

PLANCHE VII

PAYSAGE, PAR K'IEOU YING 仇英 (XVe siècle). Musée impérial de Tokyo. 81

PLANCHE VIII

SCÈNE DE L'ISÉ MONOGATARI. MAITRE INCONNU. ÉCOLE DE TOSA (XIIIe-XIVe siècle). Collection du vicomte Kôtei Fukuoka 89

PLANCHE IX

PAYSAGE, PAR SESSHIU 雪舟 (XVᵉ siècle). Collection du marquis Nagashighé Kuroda. 105

PLANCHE X

PAYSAGE, PAR SHUGETSU 醉月 (XVIᵉ siècle). Collection de M. Suteroku Takahashi. 113

PLANCHE XI

TABLEAU DES DIFFÉRENTES ESPÈCES DE TRAITS USITÉS DANS LA PEINTURE DE PAYSAGE 121

PLANCHE XII

PEINTURE DÉCORATIVE, PAR KANO MOTONOBU 正信 (1475-1559). Peinture murale du Temple Daisen-in. 129

PLANCHE XIII

LE MONT FOUDJI VU DE LA BAIE DE KIYOMI, PAR TANNYU KANO 探幽 (XVIIᵉ siècle). Collection du vicomte Okimoto Akimoto; gravé par K. Egawa, tiré en couleurs par T. Wada. 137

PLANCHE XIV

LANERET, PAR NITTEN MIYAMOTO 宮本二天 (XVIIᵉ siècle). Collection de M. Kôsaku Ushida. 145

TABLE DES MATIÈRES

Avant-Propos. I
Introduction. 1

CHAPITRE PREMIER
LA PHILOSOPHIE CHINOISE. LAOISME ET CONFUCIANISME

I. Les Origines propres de la Pensée chinoise. 5
II. Les premières conceptions philosophiques. 7
III. Cosmogonie grecque et Cosmogonie chinoise 8
IV. La Loi du Nombre et la Loi Morale 12
V. Le Tao-tö-King 16
VI. Le Confucianisme 22

CHAPITRE II
LA PHILOSOPHIE CHINOISE AU TEMPS DES SONG

I. La Philosophie de Tchou Hi 28
II. L'aridité de sa Métaphysique 29
III. Le terme de l'Evolution philosophique 33

CHAPITRE III
LE BOUDDHISME

I. L'apport nouveau du Bouddhisme 35
II. Les Éléments antérieurs. 42

CHAPITRE IV
LA PHILOSOPHIE DE LA NATURE AU JAPON

I. Le Shinntoïsme. 44
II. Les Influences continentales. 46

CHAPITRE V
LA PHILOSOPHIE DE LA NATURE DANS LA POÉSIE

I. La Philosophie de la Nature et l'Art du Paysage 49
II. La valeur plastique de la Poésie 51

CHAPITRE VI
LA PHILOSOPHIE DE LA NATURE DANS LE SENTIMENT RELIGIEUX

I. Le Sien-chou 55
II. Temples et Monastères. 57
III. L'Art des Jardins ; la décoration florale 58

CHAPITRE VII
ORIGINE ET CONSTITUTION DE L'ART DE L'EXTRÊME-ASIE

I. La décoration des bronzes archaïques 63
II. Les monuments de l'époque des Han 67
III. Les témoignages écrits 71

CHAPITRE VIII
L'ART CHINOIS AVANT L'INTRODUCTION DU BOUDDHISME

I. Son caractère 75
II. L'intervention du Bouddhisme 77
III. L'Unité de développement de l'Art chinois 82
IV. La peinture de Kou K'ai tche et les Six Principes de Sié Ho 85

CHAPITRE IX
L'ART CHINOIS APRÈS L'INTRODUCTION DU BOUDDHISME. LA PEINTURE DE PAYSAGE

I. La Constitution de la Peinture de Paysage : Wang Wei 93
II. Les œuvres de l'époque des T'ang 97
III. L'Evolution des époques postérieures 99

CHAPITRE X
LA CONSTITUTION ET L'ÉVOLUTION DE LA PEINTURE AU JAPON

I. Le rôle initiateur du Bouddhisme 102
II. Constitution de l'Art du Paysage aux hautes Périodes 105
III. Le génie décoratif de l'école moderne 107
IV. L'Ecole Vulgaire 108

CHAPITRE XI
LA PEINTURE DE PAYSAGE ET LA TECHNIQUE

I. La culture du Peintre 111
II. Conception à la fois idéaliste et positive du Savoir 117
III. Les Formules techniques 120
IV. La Technique du Trait 120
V. La Perspective 124
VI. La Composition 128

CHAPITRE XII
LA PEINTURE DE PAYSAGE. L'INSPIRATION

I. L'Inspiration Laoïste 133
II. Les grands Symboles 136
III. Les Allégories végétales 140
IV. Le Bambou 142
V. Le Prunier 144
VI. Les Inspirations de la Solitude 148

INDEX DES NOMS DE PEINTRES 153
TABLE DES PLANCHES 157

ACHEVÉ D'IMPRIMER

Le vingt-huit décembre mil neuf cent dix

PAR

PAUL HÉRISSEY, D'ÉVREUX

POUR LE COMPTE DE

H. LAURENS, ÉDITEUR

A PARIS